成本会计岗位综合实训

主　编　周云凌　王雪岩
副主编　周　敏　李　静
参　编　郎　翠　庞惠文
　　　　郑学健　胡　莹

北京理工大学出版社
BEIJING INSTITUTE OF TECHNOLOGY PRESS

版权专有 侵权必究

图书在版编目（CIP）数据

成本会计岗位综合实训 / 周云凌，王雪岩主编. —北京：北京理工大学出版社，2017.12（2022.12重印）
ISBN 978-7-5682-4949-2

Ⅰ. ①成… Ⅱ. ①周…②王… Ⅲ. ①成本会计 Ⅳ. ①F234.2

中国版本图书馆 CIP 数据核字（2017）第 268986 号

出版发行 / 北京理工大学出版社有限责任公司	
社　　址 / 北京市海淀区中关村南大街 5 号	
邮　　编 / 100081	
电　　话 /（010）68914775（总编室）	
（010）82562903（教材售后服务热线）	
（010）68948351（其他图书服务热线）	
网　　址 / http://www.bitpress.com.cn	
经　　销 / 全国各地新华书店	
印　　刷 / 三河市天利华印刷装订有限公司	
开　　本 / 787 毫米×1092 毫米　1/16	
印　　张 / 14.25	责任编辑 / 申玉琴
插　　页 / 5	文案编辑 / 申玉琴
字　　数 / 338 千字	责任校对 / 周瑞红
版　　次 / 2017 年 12 月第 1 版　2022 年 12 月第 2 次印刷	责任印制 / 王美丽
定　　价 / 45.00 元	

图书出现印装质量问题，请拨打售后服务热线，本社负责调换

前　言

　　《成本会计岗位综合实训》是为会计专业学生学习成本会计而编写的实践教学环节的教材，本教材主要针对学生将来从事成本会计岗位工作必须掌握的专业知识和专业技能，通过一个工业企业典型案例的成本核算，让学生全面掌握成本会计的基本理论与基本技能，掌握产品成本要素费用的归集与分配方法，掌握在产品及完工产品成本的分配方法，掌握产品成本计算的品种法、分步法、分批法的适用条件和核算原理及在实践中的应用。

　　本教材依据国家最新颁布的财会〔2013〕17号《企业产品成本核算制度》要求，以"能力培养和应用创新"为目标，实践过程嵌入、覆盖全部课程为编写思路，贯彻"以学生为主体、教师为主导、案例为核心"的编写原则。整部教材以一个企业数据贯穿始终，使学生对工业企业的成本会计核算过程有一个系统、完整的认识，并熟练掌握工业企业成本会计核算的基本程序、基本方法与技能；通过完成实训任务来感悟和提升理论知识，提高学生实践操作能力，缩短就业适应期并提高就业率，实现课堂理论教学与实践教学的有效结合，实现传统教学与现代教学的结合，从而提高学生信息处理能力，锻炼学生分析问题、解决问题的能力，磨练学生分工合作的团队精神，培养学生会计职业道德。

　　本书由吉林铁道职业技术学院周云凌、王雪岩担任主编，吉林铁道职业技术学院周敏、吉林交通职业技术学院李静担任副主编。主编负责全书框架的构建和大纲的编写，并对全书进行了总纂、修改和定稿。第一部分、第二部分由周云凌、李静编写；第三部分由周云凌、王雪岩、庞惠文编写；第四部分由周云凌、王雪岩、周敏、郎翠、郑学健、庞惠文、胡莹编写；参考答案由周云凌、王雪岩、周敏完成。

　　本教材编写过程中，得到了企业大力支持，企业注册会计师张雷给予重要参考意见，力求使教材编写与企业实际相吻合。

　　由于编者水平有限，疏漏、差错及不妥之处，恳请读者批评指正。

目 录

第一部分 企业成本核算岗位实训概述

一、企业产品成本核算流程 …………………………………………………………（3）
二、企业成本核算要求 ………………………………………………………………（3）
三、企业产品成本核算运用的账户 …………………………………………………（4）
四、企业成本会计岗位知识与技能 …………………………………………………（6）

第二部分 工业企业成本核算操作指南

一、企业基本情况简介 ………………………………………………………………（11）
二、会计处理实务操作要求 …………………………………………………………（12）
三、企业成本核算实务操作说明 ……………………………………………………（13）

第三部分 企业成本核算基础资料

一、江城宏博机械制造厂期初成本核算明细账 ……………………………………（17）
二、江城宏博机械制造厂实际经济活动原始凭证 …………………………………（19）

第四部分 企业产品成本核算实务

项目一 生产成本要素的归集与分配 ………………………………………………（51）
　　知识目标 ……………………………………………………………………………（51）
　　技能目标 ……………………………………………………………………………（51）
　　案例目标 ……………………………………………………………………………（51）
　　一、原材料及辅助材料费用归集与分配 …………………………………………（51）
　　二、职工薪酬费用归集与分配 ……………………………………………………（55）

三、水费的归集与分配 …………………………………………………（57）
　　四、计提固定资产折旧 …………………………………………………（59）
　　五、辅助生产成本的归集与分配 …………………………………………（59）
　　六、制造费用归集与分配 …………………………………………………（65）
　　七、经济业务账务处理，登记相应账户明细账 …………………………（65）

项目二　选择适当成本计算方法进行成本核算 …………………………（125）
　　知识目标 ……………………………………………………………………（125）
　　技能目标 ……………………………………………………………………（125）
　　案例目标 ……………………………………………………………………（125）
　　一、影响产品成本计算方法选择的因素 …………………………………（125）
　　二、江城宏博机械制造厂采用品种法核算产品成本 ……………………（127）
　　三、江城宏博机械制造厂采用分步法核算产品成本 ……………………（143）
　　四、江城宏博机械制造厂采用分批法核算产品成本 ……………………（203）

项目三　成本报表编制与分析 ………………………………………………（211）
　　知识目标 ……………………………………………………………………（211）
　　技能目标 ……………………………………………………………………（211）
　　案例目标 ……………………………………………………………………（211）
　　一、成本报表的意义 ………………………………………………………（211）
　　二、成本报表的编制要求 …………………………………………………（212）
　　三、商品产品成本报表的编制与数据分析 ………………………………（212）
　　四、成本报表编制与分析实务 ……………………………………………（213）

附录　企业产品成本核算制度（试行） ……………………………………（215）

第一部分

企业成本核算
岗位实训概述

一、企业产品成本核算流程

企业产品成本核算流程是指企业在计算产品成本过程中,从生产成本要素的归集、分配到确定完工产品成本的工作过程。这一工作过程包括:确定成本计算对象(选择成本计算方法)、确定成本项目、确定成本计算期、审核产品成本支出、归集分配产品成本、计算完工产品成本。

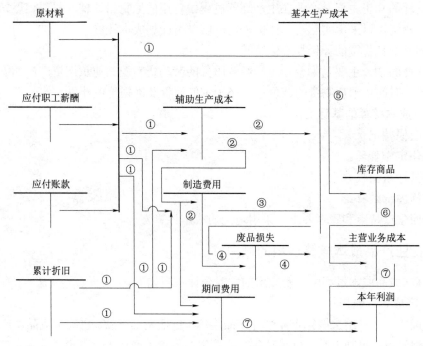

说明:
① 对发生的要素费用进行归集与分配;
② 按受益情况分配辅助生产成本;
③ 分配基本生产车间的制造费用;
④ 核算废品损失;
⑤ 确定月末在产品成本,计算并结转完工产品成本;
⑥ 产品出售结转成本;
⑦ 期末结转损益类科目,计算本年利润。

产品成本核算流程图

二、企业成本核算要求

1. 对生产经营费用进行合理分类

企业在生产经营过程中发生的各项耗费,称为生产经营费用,包括生产成本和期间费用。为了便于合理地确认和计量成本费用,正确地计算产品成本,应恰当地对生产经营费用进行合理的分类。

2. 正确划分各种费用界限

① 正确划分支出是否计入生产经营费用的界限。

② 正确划分生产成本和期间费用界限。
③ 正确划分各个会计期间的产品成本界限。
④ 正确划分不同产品的成本界限。
⑤ 正确划分完工产品和在产品的成本界限。

3. 正确确定财产物资的计价与价值结转的方法

（1）直接消耗物资的计价与价值结转

直接消耗的物资主要是企业在生产经营过程中耗用的原材料、辅助材料、燃料、包装物等。对这些物资可以采用实际成本计价，也可以采用计划成本计价。

（2）间接消耗物资的计价与价值结转

间接消耗的物资主要是为企业生产经营服务的劳动资料及其他长期资产，如固定资产、无形资产等。对间接消耗物资的计价包括初始价值计价及磨损价值计价。

4. 做好成本核算的基础工作

① 健全原始记录。
② 强化定额管理。
③ 严格计量验收。
④ 实施内部结算。
⑤ 适应生产特点和管理要求，采用适当的成本计算方法。

三、企业产品成本核算运用的账户

在计算产成品成本过程中，所应用的主要会计账户如下。

1. "生产成本"账户

"生产成本"账户用来核算企业进行产品生产（包括完工产品、自制半成品生产和提供劳务等）、自制材料、自制工具、自制设备等所发生的各项生产成本。下设"基本生产成本"和"辅助生产成本"两个二级账户，分别用来核算企业发生的基本生产成本与辅助生产成本。对于生产规模较大、业务量较多的企业，为了核算方便，企业可根据需要将"基本生产成本"和"辅助生产成本"设为一级账户。

（1）"基本生产成本"账户

基本生产是指为完成企业主要生产目的而进行的产品生产。为了归集生产所发生的各种产品成本，计算基本生产产品成本，应设置"基本生产成本"账户。该账户借方登记企业为进行基本生产而发生的各种耗费；贷方登记转出的完工入库的产品成本；余额在借方，表示基本生产的在产品成本，即基本生产在产品占用的资金。"基本生产成本"科目应按产品品种或产品批别、生产步骤等成本计算对象设置产品成本明细分类账。

（2）"辅助生产成本"账户

辅助生产是指为整个企业服务而进行的其他产品生产和劳务供应（如机械行业的工具制造、修理、运输、供水、供电等劳务的提供）。辅助生产产品的目的，主要不是对外销售，而是供企业内部使用。应设置"辅助生产成本"账户，该账户借方登记辅助生产过程发生的全部耗费，贷方登记转出完工产品成本或分配转出的劳务耗费；期末一般无余额，若有余额在其借方，表示辅助生产在产品的成本。该账户的明细账簿应按辅助生产车间和生产的其他产品品名或不同劳务设置。

2. "制造费用"账户

"制造费用"账户是用来核算企业生产车间在生产产品或提供劳务过程中发生的各项间接费用，包括企业生产部门（如生产车间）发生的水电费、固定资产折旧、无形资产摊销、管理人员的职工薪酬、劳动保护费、国家规定的有关环保费用、季节性和修理期间的停工损失等。"制造费用"账户借方登记企业各个生产单位（分厂、车间）为组织和管理产品生产、提供劳务所发生的各项间接费用；贷方登记转给"基本生产成本""辅助生产成本"等相关账户的制造费用。除季节性生产企业外，本账户结转后期末无余额。为了反映不同生产车间所发生的制造费用，应当按不同的生产车间分户设置制造费用明细账。对制造费用发生额较少的辅助生产车间，或生产单一产品的基本生产车间，可以不设"制造费用"明细账，发生制造费用时，直接计入成本。制造费用明细账一般采用多栏式账页，格式同上。

3. "废品损失"账户

需要单独核算废品损失的企业，应设置"废品损失"账户。该账户的借方登记不可修复废品的生产成本和可修复废品的修复费用；贷方登记废品残料回收的价值、应收的赔款以及转出的废品净损失。该账户期末应无余额。"废品损失"账户应按车间设置明细分类账，账内按产品品种设专户，并按成本项目设置专栏或专行进行明细登记。

4. "库存商品"账户

"库存商品"账户是用来核算企业完工入库的产品成本。该账户的借方登记完工入库产品生产成本；贷方登记已经销售产品结转的生产成本。该账户期末余额在借方，表示尚未出售的完工产品生产成本。

5. "原材料"账户

"原材料"账户是用来核算企业购入原材料入库和发出的材料成本。该账户的借方登记购入原材料入库成本；贷方登记发出原材料的成本。该账户期末余额在借方，表示库存原材料成本。

6. "包装物"账户

"包装物"账户是用来核算企业购入包装物入库和发出的包装物成本。该账户的借方登记购入包装物入库成本；贷方登记发出包装物的成本。该账户期末余额在借方，表示库存包装物成本。

7. "低值易耗品"账户

"低值易耗品"账户是用来核算企业购入低值易耗品入库和发出的低值易耗品成本。该账户的借方登记购入低值易耗品入库成本；贷方登记发出低值易耗品的成本。该账户期末余额在借方，表示库存低值易耗品成本。

8. "累计折旧"账户

"累计折旧"账户是用来核算企业计提固定资产折旧的金额。该账户的借方登记减少固定资产的已提折旧金额；贷方登记企业提取的固定资产折旧金额。该账户期末余额在贷方，表示企业现有固定资产已提取的固定资产折旧金额。

9. "应付职工薪酬"账户

"应付职工薪酬"账户是用来核算企业职工工资及其附加费用。该账户的借方登记企业实际支付给职工及扣款代付的金额；贷方登记应支付给职工工资及附加费用的金额。该账户期末余额在贷方，表示企业尚未支付的职工工资及附加费用。

10. "应交税费——应交增值税"账户

"应交税费——应交增值税"账户是用来核算企业增值税的进项税额和销项税额。该账户的借方登记企业购入财产物资的增值税进项税额和转出的应交增值税额；贷方登记企业销售财产物资的增值税销项税额。该账户一般无余额。若期末余额在贷方，表示企业应缴纳的增值税额；若期末余额在借方，表示企业存在尚未抵扣的进项税额。

11. "管理费用"账户

"管理费用"账户是用来核算企业发生的管理费用。该账户的借方登记实际发生的管理费用；贷方登记期末结转的管理费用或冲减的管理费用。该账户期末无余额。

12. "应付账款"账户

"应付账款"账户是用来核算企业对外发生应付款项。该账户的借方登记企业实际偿还的应付款项；贷方登记应支付而尚未支付的款项。该账户期末余额在贷方，表示企业尚未支付的应付款。

四、企业成本会计岗位知识与技能

企业成本会计岗位知识与技能对应表

分项名称	知识结构	相应技能	对应项目
材料	材料费归集与分配	审核原始凭证，掌握分配方法及应用	项目一
	燃料和动力费归集与分配	审核原始凭证，掌握分配方法及应用	项目一
工资	职工薪酬及附加费核算	审核原始凭证，掌握分配方法及应用	项目一
成本计算与核算	成本核算方法特点	设置成本核算账户	项目一
	基本生产成本的归集、辅助生产成本归集与分配	审核原始凭证，掌握归集与分配方法及应用	项目一
	制造费用归集与分配	审核原始凭证，掌握归集与分配方法及应用	项目一
	完工产品与在产品成本分配	计算方法	项目一
	品种法成本核算原理	运用品种法核算成本	项目二
	分步法成本核算原理	运用分步法核算成本	项目二
	分批法成本核算原理	运用分批法核算成本	项目二
	账务处理	各生产成本要素归集、分配与结转，完工产品成本结转会计凭证填制	项目二
成本报表	成本报表编制与分析	编制成本报表并进行因素分析	项目三

1. 生产成本各项费用归集与分配规律

对于生产过程所发生的各项生产要素费用，应首先按其发生地点和用途进行归集，这是进行各项费用分配的基础和前提。

对于各项费用分配原理，凡能辨清费用承担对象的，应直接计入该分配对象。属于几种产品共同耗用的，即间接计入的，应采用适当的分配方法，分配计入各有关产品成本。分配方法的计算步骤是：计算某项费用分配标准总量；计算单位分配标准费用分配率；计算某种产品应分摊的费用。具体计算公式如下：

$$某项费用分配标准总量 = \sum 选择分配标准之和$$
$$费用分配率 = 待分配费用总额 \div 分配标准总量$$
$$某种产品应负担的费用 = 该种产品耗用分配标准数 \times 费用分配率$$

由于选择的分配标准不同,从而产生了各种分配方法。如原材料成本分配方法有材料定额耗用量比例分配法、材料定额费用比例分配法和材料实际耗用量比例分配法等;辅助生产成本分配方法有直接分配法、交互分配法等。

生产成本要素的归集与分配是通过编制各项费用要素分配表来进行的。各项费用要素分配表的编制应根据成本核算的体制、凭证的份数以及传递程序等具体条件的不同而有所区别。企业实行一级成本核算体制时,应由财会部门来编制;实行两级成本核算体制时,则是由各车间的成本会计人员来编制。各项费用要素分配不论由谁来编制,其编制的要求和基本方法都是一样的。财会部门和各车间或部门要合理分工、互相配合,认真做好各项费用要素的归集和分配工作,以便正确计算产品成本。

2. 成本核算账务处理规律

对发生的各项生产成本要素进行分配后,要编制"各项费用分配表"反映分配结果,分配结果的账务处理原则是:被分配的费用记入贷方,分配给承担费用(受益)对象记入借方。如分配原材料费用,则原材料记入贷方,由产品承担的材料费记入生产成本(或基本生产成本)借方;分配辅助生产成本,则生产成本(或辅助生产成本)记入贷方,由产品承担(或受益)的辅助生产成本记入生产成本(或基本生产成本)借方,由生产车间承担(或受益)的辅助生产成本记入制造费用借方;如分配制造费用,则制造费用记入贷方,由产品承担的制造费用记入生产成本(或基本生产成本)借方等。

第二部分

工业企业成本核算操作指南

一、企业基本情况简介

1. 企业概况

名称：江城宏博机械制造厂

性质：有限责任公司

地址：江城市昌邑区延江路 85 号

开户行：中国工商银行昌邑办事处

账号：01748608385264

该厂主要生产 1#机械产品、2#机械产品两种产品，产品销往全国各地，注册资金 5 000 万元，全厂职工 220 人。厂内设有三个基本生产车间，即铸造车间、机械加工车间和装配车间，顺序加工生产产品，各车间均不设半成品库。设有两个辅助生产车间，即机修车间和配电车间。机修车间负责对全厂机器设备的维修；配电车间接收外来电源，负责供给和记录全厂各部门的用电及电器的维修。

该厂财务核算，材料按实际价格核算，材料的各种明细账设在仓库，由材料保管员和材料核算员共同登记。存货结转采用先进先出法。

该厂采用科目汇总表核算形式，根据业务量的大小，每月汇总一次，并登记总分类账户。

该厂财务部门共有会计人员 8 人，其中：财务负责 1 人，负责财务的全面工作和审核业务；主管会计 1 人，负责总账汇总及会计报表的编制；出纳员 1 人，负责货币资金的收付、有关记账凭证的填制及现金日记账和银行存款日记账的登记；材料核算 1 人，负责材料收发的核算；工资核算 1 人，负责全厂工资的发放和分配；成本核算 2 人，负责产品成本原始凭证汇总、费用归集与分配及成本计算；税务核算申报 1 人，负责销售业务核算及税务申报。

2. 会计制度

① 会计科目：使用财政部统一规定的科目名称。

② 记账方法：采用借贷记账法。

③ 库存现金限额：5 000 元。

④ 坏账损失采用备抵法转销，坏账准备采用"应收账款余额百分比法"，提取比率按国家规定选择。

⑤ 存货（原材料、低值易耗品、包装物、产成品等）按实际成本核算，出库单价按先进先出法计算，包装物和低值易耗品价值的摊销采用一次摊销法。

⑥ 辅助生产成本（含辅助生产车间的制造费用）在"辅助生产成本"账户归集。

⑦ 制造费用（除辅助生产车间的制造费用）在"制造费用"账户归集，并按基本生产车间设置明细账。制造费用按生产工时在本车间不同产品之间进行分配。

⑧ 产品成本计算按管理要求，根据企业实际，采用不同核算方法，生产成本在完工产品与在产品之间的分配采用约当产量比例法。

⑨ 固定资产折旧采用平均年限法计提。

⑩ 职工福利费按工资总额的 14%比例计提或列支。

⑪ 税费的计算。

a. 增值税：本企业为一般纳税人，按基本税率 17%计算缴纳，企业转让无形资产按规定税率 6%计算缴纳。

b. 城市维护建设税：按增值税和消费税之和的7%计算缴纳。

c. 教育费附加：按增值税和消费税之和的3%计算缴纳。

d. 地方教育费附加：按增值税和消费税之和的2%计算缴纳。

e. 所得税：按国家规定应纳税所得额的相应比例计算缴纳。

3. 账簿设置

（1）记账凭证形式

该厂采用收款、付款、转账凭证记账形式，总账采取科目汇总表账务处理程序。

（2）账簿组织

分别开设总账、明细账、日记账。总账、日记账、往来款项目明细账等采用三栏格式账页；存货等采用数量金额格式账页，生产成本、制造费用、管理费用、财务费用、销售费用等明细账采用多栏格式账页。

4. 生产工艺流程

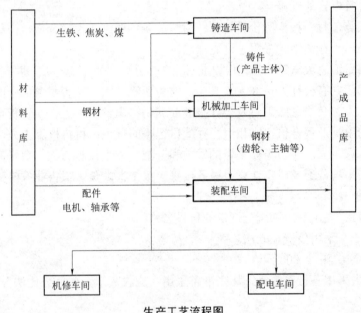

生产工艺流程图

二、会计处理实务操作要求

① 会计业务核算必须使用蓝（黑）墨水，不得使用铅笔和圆珠笔，红色墨水只能在划线结账、改错、冲销时使用。

② 数字、文字书写要规范、清楚，不得胡编乱造简化字。大写数字用正楷或行书书写（壹、贰、叁、肆、伍、陆、柒、捌、玖、拾等），小写数字使用阿拉伯数字，金额数字的填列到角分。文字、数字书写应紧靠行格底线，一般占格高的三分之二或二分之一，应留有适当空距，不可满格（顶格）书写。

③ 凭证日期的填列，应以发生经济业务的日期为准，属于计提和分配费用等转账业务（包括成本核算）应当以当月最后的日期填写。

④ 当一份记账凭证涉及的科目较多需要两份以上凭证时，应几份凭证为同一编号，如

$9\frac{1}{3}$、$9\frac{2}{3}$、$9\frac{3}{3}$等表示。

⑤ 凭证的附件是记账凭证的原始依据，不得遗漏。同一天相同类型经济业务的原始凭证可合并编制一份记账凭证；一份原始凭证涉及几份记账凭证的，原始凭证可附在主要的记账凭证后，在其他记账凭证上注明附有原始凭证的记账凭证的编号。

⑥ 记账凭证登记入账后，在规定的地方打上已记入账的标记"√"。登记入账后发现错误，必须按错账更正规定的方法予以更正。

⑦ 登记账簿书写要规范化。结出余额后，余额方向栏注明"借"或"贷"，以示余额方向；没有余额的账户，应在栏内注明"平"，在余额金额"元"的格内注"－０－"记号。每登记完毕结转下页时，应结出本页合计数和余额，并在最后一行摘要栏内注明"过次页"，在下页第一行注明"承前页"。月终结账时，应结出每个账户的期末余额，在摘要栏内注明"本月合计"，并在下面划一条单红线；年终结账时的"本年累计"下划双红线。

三、企业成本核算实务操作说明

① 根据上期总分类账及明细账的余额，建立本月账页。根据各账户所反映的经济内容，选择不同格式的账簿，登记期初余额。没有期初余额的账户，在实际经济业务发生时陆续开设。

② 根据有关经济业务的原始凭证，在准确、审核无误的情况下，汇总原始凭证，分配材料费用、工资及福利费费用、其他费用、辅助生产成本费用、制造费用，计算产品成本以及产成品成本结转，填制记账凭证。原材料投入均为每个车间开始时一次投料，每个车间在产品完工程度为：1#机械产品50%；2#机械产品60%。

③ 根据填制的记账凭证，经审核无误，逐笔登记与生产成本核算相关的明细账。

④ 根据各种记账凭证按月进行汇总，编制科目汇总表，并据以登记与成本核算相关的总分类账户。

⑤ 产成品入库，结转完工产品生产成本。

第三部分

企业成本核算基础资料

一、江城宏博机械制造厂期初成本核算明细账

1. 期初成本核算明细账

"生产成本"明细分类账户期初余额　　　　金额单位：元

车间	成本项目 产品名称	直接材料	直接工资	燃料与动力	制造费用	合计
铸造车间	1#机械产品	54 600	16 000	2 240	5 160	78 000
	2#机械产品	12 900	9 500	1 330	2 230	25 960
	合计	67 500	25 500	3 570	7 390	103 960
机械加工车间	1#机械产品	43 680	11 000	1 540	6 180	62 400
	2#机械产品	20 040	8 500	1 190	3 670	33 400
	合计	63 720	19 500	2 730	9 850	95 800
装配车间	1#机械产品	59 255	10 500	1 470	13 425	84 650
	2#机械产品	24 210	7 640	1 069	7 431	40 350
	合计	83 465	18 140	2 539	20 856	125 000

"库存商品"明细分类账户期初余额　　　　金额单位：元

产品名称	结存数量/件	单位成本	期初余额
1#机械产品	40	24 500	980 000
2#机械产品	30	15 500	465 000

"低值易耗品、包装物"明细分类账户期初余额　　　　金额单位：元

明细账户及材料名称	计量单位	结存数量	单价	结存金额
劳动保护用品：				7 950
工作服	套	120	40	4 800
劳保鞋	双	100	30	3 000
耐热手套	副	30	5	150
附件：				2 040
勾扳手	个	50	4.8	240
法兰盘	个	100	13.5	1 350
螺钉	盒	30	15	450
专用工具	把	4 000	46	184 000
包装箱	个	120	60	7 200

"原材料"明细分类账户期初余额

金额单位：元

明细账户及材料名称	计量单位	结存数量	单价	结存金额
原料及主要材料：				512 000
生铁	吨	110	2 400	264 000
圆钢	吨	80	3 100	248 000
燃料：				19 000
焦炭	吨	30	500	15 000
煤	吨	20	200	4 000
外购半成品：				1 450 000
电机 A1	台	180	1 450	261 000
A2	台	500	270	135 000
轴承 B1	套	1 800	350	630 000
B2	套	2 700	140	378 000
标准件	个	2 000	23	46 000
辅助材料：				14 900
油漆	千克	1 300	10	13 000
润滑油	千克	380	5	1 900

两种机械产品产量情况记录表

单位：件

项目	铸造车间		机械加工车间		装配车间	
	1#机械产品	2#机械产品	1#机械产品	2#机械产品	1#机械产品	2#机械产品
月初在产品	10	10	15	15	12	10
本月投产	30	15	30	20	40	15
本月完工	30	20	40	15	50	20
月末在产品	10	5	5	20	2	5

2. 产品核算消耗定额、工时定额

两种机械产品工时定额表

单位：小时

产品	铸造车间	机械加工车间	装配车间	合计
1#机械产品	3 500	6 000	4 500	14 000
2#机械产品	1 500	1 500	3 000	6 000
合计	5 000	7 500	7 500	20 000

产品物资消耗定额表

单位：千克/件

产品	铸造车间配件（生铁）	机械加工车间配件（钢材）	机械加工、装配车间（润滑油）	装配车间（油漆）
1#机械产品	1 050	440	2	16
2#机械产品	400	250	2	10

二、江城宏博机械制造厂实际经济活动原始凭证

1. 主要原材料及辅助材料领用资料

领 料 单

领料部门：铸造车间　　　开票日期：****年12月1日　　　字第001号

材料编号	材料名称	规格	单位	请领数量	实发数量	价格	
						单价	金额
1001	生铁		吨	43	43		
用途	1#机械产品、2#机械产品铸件	领料部门			发料部门		
		负责人	领料人		核准人	发料人	
			吴天			赵兆	

领 料 单

领料部门：铸造车间　　　开票日期：****年12月1日　　　字第002号

材料编号	材料名称	规格	单位	请领数量	实发数量	价格	
						单价	金额
1101	焦炭		吨	25	25		
用途	1#机械产品、2#机械产品铸件	领料部门			发料部门		
		负责人	领料人		核准人	发料人	
			吴天			赵洪	

领 料 单

领料部门：铸造车间　　　开票日期：****年12月1日　　　字第003号

材料编号	材料名称	规格	单位	请领数量	实发数量	价格	
						单价	金额
1102	煤		吨	15	15		
用途	1#机械产品、2#机械产品铸件	领料部门			发料部门		
		负责人	领料人		核准人	发料人	
			吴天			赵洪	

领 料 单

领料部门：机械加工车间　　　开票日期：****年12月5日　　　字第004号

材料编号	材料名称	规格	单位	请领数量	实发数量	价格	
						单价	金额
1601	润滑油		千克	70	70		
用途	1#机械产品、2#机械产品	领料部门			发料部门		
		负责人	领料人		核准人	发料人	
			王冠			李大力	

领 料 单

领料部门：机械加工车间　　开票日期：****年12月5日　　　　　字第005号

材料编号	材料名称	规格	单位	请领数量	实发数量	价格	
						单价	金额
1002	圆钢		吨	21	21		
用途	1#机械产品、2#机械产品配件	领料部门			发料部门		
		负责人	领料人	核准人		发料人	
			王冠			赵兆	

领 料 单

领料部门：机修车间　　开票日期：****年12月5日　　　　　字第006号

材料编号	材料名称	规格	单位	请领数量	实发数量	价格	
						单价	金额
1002	圆钢		吨	2	2		
用途	检修车间设备用	领料部门			发料部门		
		负责人	领料人	核准人		发料人	
			张扬			赵兆	

领 料 单

领料部门：装配车间　　开票日期：****年12月5日　　　　　字第007号

材料编号	材料名称	规格	单位	请领数量	实发数量	价格	
						单价	金额
1314	电机	A1	台	10	10		
用途	2#机械产品	领料部门			发料部门		
		负责人	领料人	核准人		发料人	
			郑重			周而复	

领 料 单

领料部门：装配车间　　开票日期：****年12月15日　　　　　字第008号

材料编号	材料名称	规格	单位	请领数量	实发数量	价格	
						单价	金额
1314	电机	A1	台	30	30		
用途	1#机械产品	领料部门			发料部门		
		负责人	领料人	核准人		发料人	
			郑重			周而复	

领 料 单

领料部门：装配车间　　　开票日期：****年12月15日　　　字第009号

材料编号	材料名称	规格	单位	请领数量	实发数量	价格	
						单价	金额
1315	电机	A2	台	50	50		
用途		2#机械产品		领料部门				发料部门

用途		2#机械产品		负责人	领料人	核准人	发料人
					郑重		周而复

领 料 单

领料部门：装配车间　　　开票日期：****年12月15日　　　字第010号

材料编号	材料名称	规格	单位	请领数量	实发数量	价格	
						单价	金额
1315	电机	A2	台	100	100		
用途		1#机械产品		负责人	领料人	核准人	发料人
					郑重		周而复

领 料 单

领料部门：装配车间　　　开票日期：****年12月15日　　　字第011号

材料编号	材料名称	规格	单位	请领数量	实发数量	价格	
						单价	金额
1401	轴承	B1	套	50	50		
用途		1#机械产品		负责人	领料人	核准人	发料人
					郑重		刘芳

领 料 单

领料部门：装配车间　　　开票日期：****年12月15日　　　字第012号

材料编号	材料名称	规格	单位	请领数量	实发数量	价格	
						单价	金额
1401	轴承	B1	套	20	20		
用途		2#机械产品		负责人	领料人	核准人	发料人
					郑重		刘芳

领 料 单

领料部门：装配车间　　　　开票日期：****年12月15日　　　　字第013号

材料编号	材料名称	规格	单位	请领数量	实发数量	价格	
						单价	金额
1402	轴承	B2	套	200	200		

用途	1#机械产品	领料部门			发料部门		
		负责人	领料人		核准人	发料人	
			郑重			刘芳	

领 料 单

领料部门：装配车间　　　　开票日期：****年12月15日　　　　字第014号

材料编号	材料名称	规格	单位	请领数量	实发数量	价格	
						单价	金额
1402	轴承	B2	套	10	10		

用途	2#机械产品	领料部门			发料部门		
		负责人	领料人		核准人	发料人	
			郑重			刘芳	

领 料 单

领料部门：装配车间　　　　开票日期：****年12月20日　　　　字第015号

材料编号	材料名称	规格	单位	请领数量	实发数量	价格	
						单价	金额
1701	标准件		个	300	300		

用途	1#机械产品	领料部门			发料部门		
		负责人	领料人		核准人	发料人	
			郑重			罗列	

领 料 单

领料部门：装配车间　　　　开票日期：****年12月20日　　　　字第016号

材料编号	材料名称	规格	单位	请领数量	实发数量	价格	
						单价	金额
1601	润滑油		千克	130	130		

用途	1#机械产品、2#机械产品	领料部门			发料部门		
		负责人	领料人		核准人	发料人	
			郑重			李大力	

领 料 单

领料部门：铸造车间　　　开票日期：****年12月20日　　　　　　　字第017号

材料编号	材料名称	规格	单位	请领数量	实发数量	价格	
						单价	金额
1101	焦炭		吨	5	5		
用途	1#机械产品、2#机械产品铸件	领料部门			发料部门		
		负责人	领料人		核准人	发料人	
			吴天			赵洪	

领 料 单

领料部门：铸造车间　　　开票日期：****年12月20日　　　　　　　字第018号

材料编号	材料名称	规格	单位	请领数量	实发数量	价格	
						单价	金额
1102	煤		吨	5	5		
用途	1#机械产品、2#机械产品铸件	领料部门			发料部门		
		负责人	领料人		核准人	发料人	
			吴天			赵洪	

领 料 单

领料部门：机械加工车间　　　开票日期：****年12月20日　　　　　　　字第019号

材料编号	材料名称	规格	单位	请领数量	实发数量	价格	
						单价	金额
1002	圆钢		吨	13	13		
用途	1#机械产品、2#机械产品配件	领料部门			发料部门		
		负责人	领料人		核准人	发料人	
			王冠			赵兆	

领 料 单

领料部门：机械加工车间　　　开票日期：****年12月20日　　　　　　　字第020号

材料编号	材料名称	规格	单位	请领数量	实发数量	价格	
						单价	金额
1601	润滑油		千克	10	10		
用途	1#机械产品、2#机械产品	领料部门			发料部门		
		负责人	领料人		核准人	发料人	
			王冠			李大力	

领 料 单

领料部门：装配车间　　　开票日期：****年12月20日　　　字第021号

材料编号	材料名称	规格	单位	请领数量	实发数量	价格	
						单价	金额
1314	电机	A1	台	10	10		

用途	2#机械产品	领料部门			发料部门	
		负责人	领料人	核准人	发料人	
			郑重		周而复	

领 料 单

领料部门：装配车间　　　开票日期：****年12月20日　　　字第022号

材料编号	材料名称	规格	单位	请领数量	实发数量	价格	
						单价	金额
1314	电机	A1	台	70	70		

用途	1#机械产品	领料部门			发料部门	
		负责人	领料人	核准人	发料人	
			郑重		周而复	

领 料 单

领料部门：装配车间　　　开票日期：****年12月20日　　　字第023号

材料编号	材料名称	规格	单位	请领数量	实发数量	价格	
						单价	金额
1315	电机	A2	台	50	50		

用途	2#机械产品	领料部门			发料部门	
		负责人	领料人	核准人	发料人	
			郑重		周而复	

领 料 单

领料部门：装配车间　　　开票日期：****年12月20日　　　字第024号

材料编号	材料名称	规格	单位	请领数量	实发数量	价格	
						单价	金额
1315	电机	A2	台	300	300		

用途	1#机械产品	领料部门			发料部门	
		负责人	领料人	核准人	发料人	
			郑重		周而复	

领 料 单

领料部门：装配车间　　　开票日期：****年12月20日　　　字第025号

材料编号	材料名称	规格	单位	请领数量	实发数量	价格	
						单价	金额
1401	轴承	B1	套	200	200		

用途	1#机械产品	领料部门		发料部门	
		负责人	领料人	核准人	发料人
			郑重		刘芳

领 料 单

领料部门：装配车间　　　开票日期：****年12月20日　　　字第026号

材料编号	材料名称	规格	单位	请领数量	实发数量	价格	
						单价	金额
1401	轴承	B1	套	20	20		

用途	2#机械产品	领料部门		发料部门	
		负责人	领料人	核准人	发料人
			郑重		刘芳

领 料 单

领料部门：装配车间　　　开票日期：****年12月20日　　　字第027号

材料编号	材料名称	规格	单位	请领数量	实发数量	价格	
						单价	金额
1402	轴承	B2	套	300	300		

用途	1#机械产品	领料部门		发料部门	
		负责人	领料人	核准人	发料人
			郑重		刘芳

领 料 单

领料部门：装配车间　　　开票日期：****年12月20日　　　字第028号

材料编号	材料名称	规格	单位	请领数量	实发数量	价格	
						单价	金额
1402	轴承	B2	套	50	50		

用途	2#机械产品	领料部门		发料部门	
		负责人	领料人	核准人	发料人
			郑重		刘芳

领 料 单

领料部门：装配车间　　　开票日期：****年12月22日　　　字第029号

材料编号	材料名称	规格	单位	请领数量	实发数量	价格	
						单价	金额
1701	标准件		个	450	450		
用途	1#机械产品	领料部门			发料部门		
		负责人	领料人		核准人	发料人	
			郑重			罗列	

领 料 单

领料部门：装配车间　　　开票日期：****年12月22日　　　字第030号

材料编号	材料名称	规格	单位	请领数量	实发数量	价格	
						单价	金额
1701	标准件		个	160	160		
用途	2#机械产品	领料部门			发料部门		
		负责人	领料人		核准人	发料人	
			郑重			罗列	

领 料 单

领料部门：装配车间　　　开票日期：****年12月22日　　　字第031号

材料编号	材料名称	规格	单位	请领数量	实发数量	价格	
						单价	金额
1601	润滑油		千克	90	90		
用途	1#机械产品、2#机械产品	领料部门			发料部门		
		负责人	领料人		核准人	发料人	
			郑重			李大力	

领 料 单

领料部门：装配车间　　　开票日期：****年12月22日　　　字第032号

材料编号	材料名称	规格	单位	请领数量	实发数量	价格	
						单价	金额
1801	油漆		千克	900	900		
用途	1#机械产品、2#机械产品	领料部门			发料部门		
		负责人	领料人		核准人	发料人	
			郑重			金华	

领 料 单

领料部门：机修车间　　　开票日期：****年12月22日　　　字第 033 号

材料编号	材料名称	规格	单位	请领数量	实发数量	价格	
						单价	金额
1701	标准件		个	50	50		
用途	维修用		领料部门			发料部门	
^	^		负责人	领料人	核准人	发料人	
^	^			王冠		罗列	

领 料 单

领料部门：机修车间　　　开票日期：****年12月22日　　　字第 034 号

材料编号	材料名称	规格	单位	请领数量	实发数量	价格	
						单价	金额
1601	润滑油		千克	30	30		
用途	维修用		领料部门			发料部门	
^	^		负责人	领料人	核准人	发料人	
^	^			王冠		李大力	

2. 低值易耗品、包装物领用资料

领 料 单

领料部门：铸造车间　　　开票日期：****年12月5日　　　字第 A01 号

材料编号	材料名称	规格	单位	请领数量	实发数量	价格	
						单价	金额
2201	劳动保护鞋		双	20	20		
用途	劳动保护		领料部门			发料部门	
^	^		负责人	领料人	核准人	发料人	
^	^			吴天		常德	

领 料 单

领料部门：铸造车间　　　开票日期：****年12月5日　　　字第 A02 号

材料编号	材料名称	规格	单位	请领数量	实发数量	价格	
						单价	金额
2202	耐热手套		副	20	20		
用途	劳动保护		领料部门			发料部门	
^	^		负责人	领料人	核准人	发料人	
^	^			吴天		常德	

领 料 单

领料部门:机械加工车间　　开票日期:****年12月5日　　字第 A03 号

材料编号	材料名称	规格	单位	请领数量	实发数量	价格	
						单价	金额
2201	劳动保护鞋		双	10	10		
用途	劳动保护		领料部门			发料部门	
			负责人	领料人	核准人	发料人	
				王冠		常德	

领 料 单

领料部门:机械加工车间　　开票日期:****年12月5日　　字第 A04 号

材料编号	材料名称	规格	单位	请领数量	实发数量	价格	
						单价	金额
2202	耐热手套		副	10	10		
用途	劳动保护		领料部门			发料部门	
			负责人	领料人	核准人	发料人	
				王冠		常德	

领 料 单

领料部门:机械加工车间　　开票日期:****年12月5日　　字第 A05 号

材料编号	材料名称	规格	单位	请领数量	实发数量	价格	
						单价	金额
3001	勾扳手		个	30	30		
用途	车间用附件		领料部门			发料部门	
			负责人	领料人	核准人	发料人	
				王冠		刘琉	

领 料 单

领料部门:装配车间　　开票日期:****年12月5日　　字第 A06 号

材料编号	材料名称	规格	单位	请领数量	实发数量	价格	
						单价	金额
2201	劳动保护鞋		双	10	10		
用途	劳动保护		领料部门			发料部门	
			负责人	领料人	核准人	发料人	
				郑重		常德	

领 料 单

领料部门：装配车间　　　　开票日期：****年12月5日　　　　字第 A07 号

材料编号	材料名称	规格	单位	请领数量	实发数量	价格	
						单价	金额
3002	法兰盘		个	40	40		
用途	车间用附件	领料部门			发料部门		
		负责人	领料人		核准人	发料人	
			郑重			刘琉	

领 料 单

领料部门：装配车间　　　　开票日期：****年12月5日　　　　字第 A08 号

材料编号	材料名称	规格	单位	请领数量	实发数量	价格	
						单价	金额
3003	螺钉		盒	10	10		
用途	车间用附件	领料部门			发料部门		
		负责人	领料人		核准人	发料人	
			郑重			刘琉	

领 料 单

领料部门：机修车间　　　　开票日期：****年12月5日　　　　字第 A09 号

材料编号	材料名称	规格	单位	请领数量	实发数量	价格	
						单价	金额
2201	劳动保护鞋		双	10	10		
用途	劳动保护	领料部门			发料部门		
		负责人	领料人		核准人	发料人	
			王冠			常德	

领 料 单

领料部门：机修车间　　　　开票日期：****年12月5日　　　　字第 A010 号

材料编号	材料名称	规格	单位	请领数量	实发数量	价格	
						单价	金额
3004	专用工具		把	10	10		
用途	车间用工具	领料部门			发料部门		
		负责人	领料人		核准人	发料人	
			张扬			刘琉	

领 料 单

领料部门：配电车间　　开票日期：****年12月5日　　字第 A11 号

材料编号	材料名称	规格	单位	请领数量	实发数量	价格 单价	金额
3004	专用工具		把	10	10		
用途	车间用工具	领料部门		发料部门			
		负责人	领料人	核准人	发料人		
			王文利		刘琉		

领 料 单

领料部门：厂部　　开票日期：****年12月5日　　字第 A12 号

材料编号	材料名称	规格	单位	请领数量	实发数量	价格 单价	金额
2203	劳保工作服		套	3	3		
用途	劳动保护	领料部门		发料部门			
		负责人	领料人	核准人	发料人		
			高超		常德		

领 料 单

领料部门：装配车间　　开票日期：****年12月18日　　字第 A13 号

材料编号	材料名称	规格	单位	请领数量	实发数量	价格 单价	金额
1901	包装箱		个	50	50		
用途	1#机械产品	领料部门		发料部门			
		负责人	领料人	核准人	发料人		
			郑重		刘海		

领 料 单

领料部门：装配车间　　开票日期：****年12月18日　　字第 A14 号

材料编号	材料名称	规格	单位	请领数量	实发数量	价格 单价	金额
1901	包装箱		个	20	20		
用途	2#机械产品	领料部门		发料部门			
		负责人	领料人	核准人	发料人		
			郑重		刘海		

领 料 单

领料部门：机修车间　　　　开票日期：****年12月20日　　　　字第 A15 号

材料编号	材料名称	规格	单位	请领数量	实发数量	价格	
						单价	金额
3004	专用工具		把	50	50		
用途	车间用工具		领料部门			发料部门	
			负责人	领料人		核准人	发料人
				张扬			刘琉

3. 工资资料

铸造车间工资单　　　　金额单位：元

姓名	基本工资	效益奖金	津贴	交通补助	应付工资	各种扣款					实付工资
						缺勤扣款	托儿费	房租	保险	住房公积	
王 建	1 200	180	50	100	1 530	0	0	10	80	125	1 315
李红军	1 200	100	50	0	1 350	40	20	0	80	125	1 085
盖 晗	1 250	100	50	100	1 500	100	0	30	85	125	1 160
金玉华	1 300	200	50	100	1 650		20	0	95	130	1 405
…	…	…	…	…	…	…	…	…	…	…	…
…	…	…	…	…	…	…	…	…	…	…	…
…	…	…	…	…	…	…	…	…	…	…	…
合计	58 000	7 200	2 400	400	68 000	1 100	150	390	3 975	6 000	56 385

注：各职工工资单按照以上形式类推。

工资结算汇总表　　　　金额单位：元

车间、部门		基本工资	效益奖金	津贴	交通补助	应付工资	各种扣款					实付工资
							缺勤扣款	托儿费	房租	保险	住房公积	
铸造车间	生产工人	58 000	7 200	2 400	400	68 000	1 100	150	390	3 975	6 000	56 385
	管理人员	2 800	800	500	200	4 300	100	70	250	200	400	3 280
机械加工车间	生产工人	71 000	17 000	12 000	360	100 360	1 700	210	400	6 045	8 700	83 305
	管理人员	2 700	750	400	150	4 000	350	125	310	225	300	2 690
装配车间	生产工人	62 000	15 800	9 500	160	87 460	3 100	100	215	5 630	7 000	71 415
	管理人员	1 400	940	560	185	3 085	100	230	510	170	250	1 825

续表

车间、部门	基本工资	效益奖金	津贴	交通补助	应付工资	各种扣款					实付工资
						缺勤扣款	托儿费	房租	保险	住房公积	
机修车间	5 100	3 200	800	107	9 207	900	200	350	520	710	6 527
配电车间	2 100	1 300	400	160	3 960	300	95	180	175	350	2 860
福利部门	4 200	1 020		140	5 360	220	110	400	270	480	3 880
行政管理	58 700	12 600		70	71 370	1 300	750	1 500	4 500	6 000	57 320
合计	268 000	60 610	26 560	1 932	357 102	9 170	2 040	4 505	21 710	30 190	289 487

4. 水、电费资料

2200162320　　　　　　　　　　　　　吉林增值税专用发票　　　　　　　　　NO 12764430

校验码 83430 13717 30206 41352　　　　　　　　　　　　　开票日期：****年 12 月 31 日

购买方	名　　　　称：江城宏博机械制造厂	密码区	>28/14/9<5-<22942<*9121-5<6 2/+6<*/3+50<3*-1*717+>9/4-7 <34>/</107>5-9+/06/22</1/21 -7+<3>56<*3+50<3*-1*7113+/
	纳税人识别号：432122890635268		
	地址、电话：江城市昌邑区延江路85号		
	开户行及账号：中国工商银行吉林昌邑办事处 01748608385264		

货物或应税劳务、服务名称	规格型号	单位	数量	单价	金额	税率	税额
水　费		吨	7 000	0.7	4 900	13%	637
附加费					100	13%	13
合　　计					¥5 000		¥650

价税合计（大写）	伍仟陆佰伍拾零元零角零分	（小写）¥ 5 650.00

销售方	名　　　　称：吉林市电业局供电公司	备注	
	纳税人识别号：432122571516005		
	地址、电话：中兴街100号		
	开户行及账号：中国工商银行吉林昌邑办事处		

收款人：　　　　　复核：　　　　　开票人：　　　　　　　　　销售方：（章）

（水费）专用发票

用水量记录

****年 12 月 31 日

使用部门	用水量/米^3	厂内单价/（元·米$^{-3}$）
铸造车间	1 500	
机械加工车间	1 100	
装配车间	800	
机修车间	500	
配电车间	670	
行政管理	2 430	
合计	7 000	

| 2200162320 | 吉林增值税专用发票  | NO 12764430 |

校验码 83430 13717 30206 41352　　　　　　　开票日期：****年 12 月 31 日

| 购买方 | 名　　　　称：江城宏博机械制造厂
纳税人识别号：432122890635268
地　址、电　话：江城市昌邑区延江路 85 号
开户行及账号：中国工商银行吉林昌邑办事处 01748608385264 | 密码区 | >28/14/9<5-<22942<*9121-5<6
2/+6<*/3+50<3*-1*717+>9/4-7
<34)/</107/5-9+/06/22</1/21
-7+<3>56<*3+50<3*-1*7113+/ |

货物或应税劳务、服务名称	规格型号	单位	数量	单价	金额	税率	税额
电　力		度	53 000	1.0	53 000	17%	9 010
合　　计					¥53 000		¥9 010
价税合计（大写）　　陆万贰仟零佰壹拾零元零角零分					（小写）¥：62 010.00		

| 销售方 | 名　　　　称：吉林市电业局供电公司
纳税人识别号：432122571516005
地　址、电　话：中兴街 100 号
开户行及账号：中国工商银行吉林昌邑办事处 | 备注 | |

收款人：　　　　　　复核：　　　　　　开票人：　　　　　　销售方：（章）

（电费）专用发票

5. 固定资产资料

固定资产原值及折旧率

****年 12 月　　　　　　　　　　　　　　　　　　　金额单位：元

项目	月折旧率/%	铸造车间原值	机械加工车间原值	装配车间原值	机修车间原值	配电车间原值	行政管理原值	合计原值
房屋及建筑物	0.8	900 000	1 000 000	1 950 000	130 000	150 000	1 400 000	5 530 000
机器设备	1.2	520 000	2 400 000	750 000	120 000	200 000	400 000	4 390 000

6. 辅助车间提供劳务资料

辅助生产提供用电、机修劳务数量

****年 12 月 31 日

辅助生产车间	铸造车间		机械加工车间		装配车间		机修车间	配电车间	行政管理	合计
	生产	车间	生产	车间	生产	车间	生产	生产		
机修（检修时点）/小时		12 400		30 100		26 026		300	5 000	73 826
配电/度	15 000	1 144	6 000	1 644	3 000	1 214	3 180		21 810	52 992

制表：

第四部分

企业产品成本核算实务

生产成本要素的归集与分配

知识目标

学习和掌握产品成本要素的分类和内容，产品成本、辅助产品成本和制造费用归集与分配中的相关概念与内涵，能运用理论指导"生产成本要素的归集与分配"的实践活动。

技能目标

学习和掌握产品成本要素分配的一般原则与程序，材料费用、燃料和动力费用、人工费用、折旧费用等产品成本要素的计量与计价，各要素分配程序、方法（或原则）、计算公式及账务处理原则与方法，辅助产品成本和制造费用的归集与各种分配方法运用及计算公式的应用，能用实务知识规范"生产成本要素的归集与分配"的技能活动。

案例目标

通过江城宏博机械制造厂典型案例资料，运用所学理论与实务知识，研究"生产成本要素的归集与分配"，完成"生产成本要素的归集与分配"系列技能操作和实训任务，培养和提高学生在特定业务情境中分析问题与解决问题的能力，培养学生专业核心能力，强化学生"信息处理、数字应用、与人合作、革新创新"的职业核心能力，培养学生职业态度、职业守则和会计职业道德意识。

一、原材料及辅助材料费用归集与分配

1. 原材料及辅助材料费用归集与分配要求

根据经济活动原始凭证对原材料及辅助材料费用归集与分配。

① 生铁、圆钢材料费用分配按给定消耗定额进行分配，计算出费用分配率，按产品、车间进行分配；② 润滑油材料费用分配按车间、产品和给定消耗定额进行分配，计算出费用分配率，按车间、产品进行分配；③ 油漆材料费用分配按给定消耗定额进行分配，计算出费用分配率，按产品、车间进行分配；④ 煤、焦炭费用分配按给定工时定额进行分配，计算出费

用分配率,按产品、车间进行分配。⑤ 劳动工具及工作服(属于低值易耗品)按领用部门进行分配。

费用分配率计算,能整除的按最终结果计算,不能整除的保留两位小数。

2. 原材料及辅助材料费用归集与分配实务

原材料费用分配计算表

年　月　日　　　　　　　　　　　　　　　　金额单位:元

原材料	待分配费用	定额总数	费用分配率	铸造车间		机械加工车间		装配车间	
				1#机械产品	2#机械产品	1#机械产品	2#机械产品	1#机械产品	2#机械产品
生铁									
圆钢									
润滑油									
油漆									
煤									
焦炭									
合计									

制表:

材料领用汇总表

年　月　日　　　　　　　　　　　　　　　　金额单位:元

材料	单价	铸造车间				机械加工车间				装配车间				机修车间		合计	
		1#机械产品		2#机械产品		1#机械产品		2#机械产品		1#机械产品		2#机械产品					
		数量	金额	数量	金额	数量	金额	数量	金额	数量	金额	数量	金额	数量	金额	数量	金额
原材料:																	
生铁																	
圆钢																	
焦炭																	
煤																	
电机A1																	
电机A2																	
轴承B1																	
轴承B2																	
标准件																	
油漆																	
润滑油																	
包装箱																	
合计																	

制表:

劳动工具领用汇总表

年　月　日　　　　　　　　　　　　　　　　　　　　　金额单位：元

材料	单价	铸造车间		机械加工车间		装配车间		配电车间		机修车间		厂部		合计	
		数量	金额	数量	金额	数量	金额	数量	金额	数量	金额	数量	金额	数量	金额
专用工具															
法兰盘															
螺钉															
勾扳手															
工作服															
手套															
鞋															
合计															

制表：

二、职工薪酬费用归集与分配

1. 职工薪酬费用归集与分配要求

根据经济活动原始凭证对职工薪酬费用归集与分配。

职工薪酬按工资汇总表（原始资料已给）进行分配，共同耗用薪酬按给定工时定额进行分配。计算费用分配率，能整除的按最终结果计算，不能整除的保留两位小数。职工薪酬按产品、车间及相关部门进行分配；福利费用按工资总额14%进行分配。

2. 职工薪酬费用归集与分配实务

职工薪酬费用分配表

年　月　日　　　　　　　　　　　　　　　　　　　　　金额单位：元

部　门		定额工时/小时	直接工资费用		应付福利费用	
			分配率	分配额	分配率	分配额
铸造车间	1#机械产品	3 500				
	2#机械产品	1 500				
	合计	5 000				
	管理人员					
机械加工车间	1#机械产品	6 000				
	2#机械产品	1 500				
	合计	7 500				
	管理人员					

续表

部　门		定额工时/小时	直接工资费用		应付福利费用	
			分配率	分配额	分配率	分配额
装配车间	1#机械产品	4 500				
	2#机械产品	3 000				
	合计	7 500				
	管理人员					
辅助车间	机修车间					
	配电车间					
福利部门						
行政管理						

制表：

三、水费的归集与分配

1. 水费归集与分配要求

根据经济活动原始凭证对水费进行归集与分配。

水费按实际各部门耗用水量进行分配，生产车间计入制造费用，辅助生产车间计入辅助生产成本，管理部门计入管理费用。计算费用分配率，能整除的按最终结果计算，不能整除的保留四位小数，金额计算到分。

2. 水费归集与分配实务

水费分配表

年　月　日　　　　　　　　　　　　　　　　　　金额单位：元

使用部门	待分配金额	分配率	用水量/米^3	分配金额
铸造车间				
机械加工车间				
装配车间				
机修车间				
配电车间				
行政管理				
合计	5 000		7 000	5 000

制表：

四、计提固定资产折旧

1. 固定资产折旧归集与分配要求

根据给定的固定资产折旧率和折旧方法对固定资产折旧进行归集与分配。

固定资产折旧按使用部门进行计提,生产车间计入制造费用,辅助生产车间计入辅助生产成本,管理部门计入管理费用。计提按给定的折旧率计算。

2. 固定资产折旧归集与分配实务

固定资产折旧计算表

年　月　日　　　　　　　　　　　　　　　　　　　　　金额单位:元

固定资产类别	月折旧率	铸造车间		机械加工车间		装配车间		机修车间		配电室		行政管理		合计	
		原值	月折旧额	原值	月折旧额	原值	月折旧额	原值	月折旧额	原值	月折旧额	原值	月折旧额	原值	月折旧额
房屋及建筑物	0.8%	900 000		1 000 000		1 950 000		130 000		150 000		1 400 000		5 530 000	
机器设备	1.2%	520 000		2 400 000		750 000		120 000		200 000		400 000		4 390 000	
其他	0.6%	700 000		850 000		400 000						300 000		2 250 000	
合计															

制表:

五、辅助生产成本的归集与分配

1. 辅助生产成本归集与分配要求

根据以上各项分配结果对企业的辅助生产成本进行归集与分配。

辅助生产成本按辅助车间耗用材料(包括劳动工具及工作服领用)、工资及福利费、水费、固定资产计提折旧等进行归集,计算辅助生产成本,然后采用交互分配法进行分配。计算对内和对外分配率,能整除的按最终结果计算,不能整除的保留四位小数,金额计算到分。

1#、2#机械产品共同耗用电力,按定额工时进行分配。分配率计算,能整除的按最终结果计算,不能整除的保留四位小数,金额计算到分。

辅助生产成本分配按耗用辅助车间劳务的产品品种、部门进行分配。

辅助生产成本交互分配表第一次为 1#、2#机械产品共同耗用辅助车间劳务,将 1#、2#机械产品共同耗用部分按工时定额进行分配,填写动力费用分配表,然后根据第一次交互分配结果和动力费用分配结果,编写第二张辅助生产成本交互分配表。

2. 辅助生产成本归集与分配实务

辅助生产提供用电、机修劳务数量

****年12月31日

辅助生产车间	铸造车间		机械加工车间		装配车间		机修车间	配电车间	行政管理	合计
	生产	车间	生产	车间	生产	车间	生产	生产		
机修（检修时点）/小时		12 400		30 100		26 026		300	5 000	73 826
配电/度	15 000	1 144	6 000	1 644	3 000	1 214	3 180		21 810	52 992

制表：

辅助生产成本交互分配表

年　月　日　　　　　　　　　　　　　　　　金额单位：元

项　目			待分配辅助生产成本	劳务量	分配率	分配金额	合计
交互分配	机修车间						
	配电车间						
对外分配	机修车间						
	配电车间						
铸造车间		1#、2#机械产品					
	制造费用	机修转入					
		配电转入					
		合计					
机械加工车间		1#、2#机械产品					
	制造费用	机修转入					
		配电转入					
		合计					
装配车间		1#、2#机械产品					
	制造费用	机修转入					
		配电转入					
		合计					
行政管理		机修转入					
		配电转入					
合计							

制表：

动力费用分配表

年　月　日　　　　　　　　　　　　　　　　　　　　金额单位：元

车间、产品		定额工时/小时	分配率	动力费用分配额
铸造车间	1#机械产品	3 500		
	2#机械产品	1 500		
	合计	5 000		
机械加工车间	1#机械产品	6 000		
	2#机械产品	1 500		
	合计	7 500		
装配车间	1#机械产品	4 500		
	2#机械产品	3 000		
	合计	7 500		
总计		20 000		

制表：

辅助生产成本交互分配表

年　月　日　　　　　　　　　　　　　　　　　　　　金额单位：元

项　　目		待分配辅助生产成本	劳务量	分配率	分配后金额	合计
交互分配	机修车间					
	配电车间					
对外分配	机修车间					
	配电车间					
铸造车间	1#机械产品					
	2#机械产品					
	制造费用					
	合计					
机械加工车间	1#机械产品					
	2#机械产品					
	制造费用					
	合计					
装配车间	1#机械产品					
	2#机械产品					
	制造费用					
	合计					
行政管理部门						
合计						

制表：

六、制造费用归集与分配

1. 制造费用归集与分配要求

根据以上各项分配结果对企业的制造费用进行归集与分配。

制造费用按生产车间耗用材料（包括劳动工具及工作服领用）、工资及福利费、水费、固定资产计提折旧、辅助生产成本转入等进行归集，计算汇总各车间制造费用，然后按工时定额对本车间制造费用进行分配。费用分配率计算，能整除的按最终结果计算，不能整除的保留四位小数，金额计算到分。按各车间两种产品进行分配。

2. 制造费用归集与分配实务

制造费用分配表

年　月　日　　　　　　　　　　　　　　　金额单位：元

车间、产品		定额工时/小时	分配率	基本生产成本
铸造车间	1#机械产品	3 500		
	2#机械产品	1 500		
	合计	5 000		
机械加工车间	1#机械产品	6 000		
	2#机械产品	1 500		
	合计	7 500		
装配车间	1#机械产品	4 500		
	2#机械产品	3 000		
	合计	7 500		

制表：

七、经济业务账务处理，登记相应账户明细账

对以上六项经济业务进行账务处理，填制记账凭证；并登记原材料、辅助材料、低值易耗品、辅助生产成本、制造费用明细账。

转 账 凭 证

****年 12 月 31 日 转字第　　号

摘要	总账科目	明细科目	借方金额 十万千百十元角分	贷方金额 十万千百十元角分
合计				

附件　　张

会计主管：　　　复核：　　　记账：　　　审核：　　　制单：

转 账 凭 证

****年12月31日　　　　　　　　　　　　　　　　转字第　　号

摘要	总账科目	明细科目	借方金额									贷方金额							
			十	万	千	百	十	元	角	分	十	万	千	百	十	元	角	分
合计																		

附件　　张

会计主管：　　　　复核：　　　　记账：　　　　审核：　　　　制单：

转 账 凭 证

****年12月31日　　　　　　　　　　　　　　　　转字第　　号

摘要	总账科目	明细科目	借方金额									贷方金额								
			十	万	千	百	十	元	角	分	十	万	千	百	十	元	角	分
合计																		

附件　　　张

会计主管：　　　　复核：　　　　记账：　　　　审核：　　　　制单：

转 账 凭 证

****年 12 月 31 日　　　　　　　　　　　　转字第　　号

摘要	总账科目	明细科目	借方金额 十 万 千 百 十 元 角 分	贷方金额 十 万 千 百 十 元 角 分	
					附件
					张
合计					

会计主管：　　　复核：　　　记账：　　　审核：　　　制单：

转 账 凭 证

****年12月31日　　　　　　　　　　　　　　转字第　　号

摘要	总账科目	明细科目	借方金额									贷方金额								
			十	万	千	百	十	元	角	分	十	万	千	百	十	元	角	分
合计																		

附件　　张

会计主管：　　　　复核：　　　　记账：　　　　审核：　　　　制单：

转 账 凭 证

****年12月31日　　　　　　　　　　　　　　　　转字第　　号

摘要	总账科目	明细科目	借方金额									贷方金额								
			十	万	千	百	十	元	角	分	十	万	千	百	十	元	角	分
合计																		

附件　　　张

会计主管：　　　　　复核：　　　　　记账：　　　　　审核：　　　　　制单：

转 账 凭 证

****年 12 月 31 日　　　　　　　　　　　　　　　　转字第　　号

摘要	总账科目	明细科目	借方金额									贷方金额								
			十	万	千	百	十	元	角	分	十	万	千	百	十	元	角	分
合计																			

附件　　张

会计主管：　　　　复核：　　　　记账：　　　　审核：　　　　制单：

转 账 凭 证

****年 12 月 31 日　　　　　　　　　　　转字第　　号

摘要	总账科目	明细科目	借方金额									贷方金额								
			十	万	千	百	十	元	角	分	十	万	千	百	十	元	角	分
合计																		

附件　　张

会计主管：　　　　复核：　　　　记账：　　　　审核：　　　　制单：

转 账 凭 证

****年12月31日　　　　　　　　　　　　　　　　　转字第　　号

摘要	总账科目	明细科目	借方金额									贷方金额								
			十	万	千	百	十	元	角	分	十	万	千	百	十	元	角	分
合计																		

附件　　张

会计主管：　　　　　复核：　　　　　记账：　　　　　审核：　　　　　制单：

转 账 凭 证

****年12月31日　　　　　　　　　　　　　　　　转字第　　号

摘要	总账科目	明细科目	借方金额									贷方金额								
			十	万	千	百	十	元	角	分	十	万	千	百	十	元	角	分
合计																		

会计主管：　　　复核：　　　记账：　　　审核：　　　制单：

附件　　　张

原 材 料

最高存量：　　明细科目：
最低存量：　　储存处所：　　　　　　　　规格　　　　　　　单位　　　　　　　　单价

类别				收入							发出							结余							核对号
年 月 日	凭证号数	摘要	数量	单价	金额						数量	单价	金额					数量	单价	金额					
					百	十	万	千	百	十	元	角	分			百	十	万	千	百	十	元	角	分	

原 材 料

最高存量：　　　　　　　　　　　　　　　　　　　　　　　　　　　　　　　　　　　　　
最低存量：　　　　　储存处所　　　　　　　规格　　　　　　单位　　　　　　明细科目：　　　　　单价　　　　　

类别	凭证号数	摘要	收入									发出									结余									核对号
年 月 日			数量	单价	金额							数量	单价	金额							数量	单价	金额							
					百	十	万	千	百	十	元	角	分			百	十	万	千	百	十	元	角	分			百	十	万	千	百	十	元	角	分	

原 材 料

最高存量：＿＿＿＿＿
最低存量：＿＿＿＿＿

储存处所：＿＿＿＿＿　　规格：＿＿＿＿＿　　单位：＿＿＿＿＿　　明细科目：＿＿＿＿＿　　单价：＿＿＿＿＿

年	月 日	凭证号数	摘要	类别	收入									发出									结余									核对号
					数量	单价	金额							数量	单价	金额								数量	单价	金额							
							百	十	万	千	百	十	元	角	分			百	十	万	千	百	十	元	角	分		百	十	万	千	百	十	元	角	分	

原 材 料

最高存量：　　　　　　　储存处所：　　　　　　　规格：　　　　　　　单位：　　　　　　　明细科目：　　　　　　　单价：
最低存量：

类别			摘要	收入								发出								结余								核对号
年	月	日	凭证号数	数量	单价	金额						数量	单价	金额						数量	单价	金额						
						百	十	万	千	百	十	元	角	分			百	十	万	千	百	十	元	角	分			

原 材 料

最高存量：
最低存量：
储存处所： _____ 规格： _____ 单位： _____ 明细科目： _____ 单价： _____

凭证		摘要	收入									发出									结余									核对号
年 月 日	类别	号数		数量	单价	金额							数量	单价	金额							数量	单价	金额							
						百	十	万	千	百	十	元	角	分			百	十	万	千	百	十	元	角	分			百	十	万	千	百	十	元	角	分	

原 材 料

最高存量：
最低存量：

储存处所：＿＿＿＿＿＿ 规格：＿＿＿＿＿＿ 单位：＿＿＿＿＿＿ 明细科目：＿＿＿＿＿＿ 单价：＿＿＿＿＿＿

类别	年月日	凭证号数	摘要	收入									发出									结余									核对号
				数量	单价	金额							数量	单价	金额							数量	单价	金额							
						百	十	万	千	百	十	元	角	分			百	十	万	千	百	十	元	角	分		百	十	万	千	百	十	元	角	分	

原 材 料

最高存量：_____
最低存量：_____
类别：_____ 储存处所：_____ 规格：_____ 单位：_____ 明细科目：_____ 单价：_____

年	月	日	凭证号数	摘要	收入									发出									结余									核对号
					数量	单价	金额							数量	单价	金额							数量	单价	金额							
							百	十	万	千	百	十	元	角	分			百	十	万	千	百	十	元	角	分			百	十	万	千	百	十	元	角	分	

原 材 料

最高存量：　　　　　　　储存处所：　　　　　　　规格　　　　　　　单位　　　　　　　明细科目：　　　　　　　单价
最低存量：

类别	年 月 日	凭证号数	摘要	收入										发出										结余										核对号
				数量	单价	金额								数量	单价	金额								数量	单价	金额								
						百	十	万	千	百	十	元	角	分			百	十	万	千	百	十	元	角	分			百	十	万	千	百	十	元	角	分	

原 材 料

最高存量：
最低存量：

明细科目：　　　　　　　　单价　　　　　　　　

单位　　　　　　　　规格　　　　　　　　

储存处所　　　　　　　　

类别	凭证号数	摘要	收入									发出									结余									核对号
年 月 日			数量	单价	金额							数量	单价	金额							数量	单价	金额							
					百	十	万	千	百	十	元	角	分			百	十	万	千	百	十	元	角	分			百	十	万	千	百	十	元	角	分	

原 材 料

最高存量：_____
最低存量：_____
储存处所：_____ 规格：_____ 单位：_____ 明细科目：_____ 单价：_____

年	月 日	类别	凭证号数	摘要	收 入								数量	单价	发 出								数量	单价	结 余								核对号
					金额										金额										金额								
					百	十	万	千	百	十	元	角	分			百	十	万	千	百	十	元	角	分			百	十	万	千	百	十	元	角	分	

原 材 料

最高存量：_____ 类别：_____ 储存处所：_____ 规格：_____ 单位：_____ 明细科目：_____ 单价：_____
最低存量：_____

年	月日	凭证号数	摘要	收入									发出									结余									核对号
				数量	单价	金额							数量	单价	金额								数量	单价	金额								
						百	十	万	千	百	十	元	角	分			百	十	万	千	百	十	元	角	分			百	十	万	千	百	十	元	角	分	

包 装 物

最高存量：　　　　　　　储存处所　　　　　　　规格　　　　　　　单位　　　　　　　明细科目：　　　　　　　单价
最低存量：

类别	年 月 日	凭证号数	摘要	收入								数量	单价	发出								数量	单价	结余								核对号
				金额										金额										金额								
				百	十	万	千	百	十	元	角	分			百	十	万	千	百	十	元	角	分			百	十	万	千	百	十	元	角	分	

低值易耗品

最高存量：
最低存量：

储存处所＿＿＿＿＿　　规格＿＿＿＿＿　　单位＿＿＿＿＿　　明细科目：＿＿＿＿＿　　单价＿＿＿＿＿

年	月	日	凭证类别	凭证号数	摘要	收入								发出								结余								核对号
						数量	单价	金额						数量	单价	金额						数量	单价	金额					
								百	十	万	千	百	十	元	角	分			百	十	万	千	百	十	元	角	分			百	十	万	千	百	十	元	角	分	

低值易耗品

最高存量：
最低存量：

储存处所：＿＿＿＿＿＿ 规格：＿＿＿＿＿＿ 单位：＿＿＿＿＿＿ 明细科目：＿＿＿＿＿＿ 单价：＿＿＿＿＿＿

年	月日	类别	凭证号数	摘要	收入									发出									结余									核对号
					数量	单价	金额							数量	单价	金额							数量	单价	金额							
							百	十	万	千	百	十	元	角	分			百	十	万	千	百	十	元	角	分			百	十	万	千	百	十	元	角	分	

低值易耗品

最高存量：　　　　　　储存处所：　　　　　　规格：　　　　　　单位：　　　　　　明细科目：　　　　　　单价：
最低存量：

年	月	日	凭证号数	类别	摘要	收入								发出								结余								核对号
						数量	单价	金额						数量	单价	金额							数量	单价	金额						
								百	十	万	千	百	十	元	角	分			百	十	万	千	百	十	元	角	分	百	十	万	千	百	十	元	角	分	

低值易耗品

最高存量：　　　　　　储存处所＿＿＿＿＿＿　规格＿＿＿＿＿＿　单位＿＿＿＿＿＿　明细科目：＿＿＿＿＿＿　单价＿＿＿＿＿＿
最低存量：

类别	凭证		摘要	收入										发出										结余										核对号
年 月 日	号数			数量	单价	金额								数量	单价	金额								数量	单价	金额									
						百	十	万	千	百	十	元	角	分			百	十	万	千	百	十	元	角	分			百	十	万	千	百	十	元	角	分	

低值易耗品

最高存量：
最低存量：

储存处所：_____ 规格：_____ 单位：_____ 明细科目：_____ 单价：_____

类别	凭证号数	摘要	收入									发出									结余									核对号
年 月 日			数量	单价	金额							数量	单价	金额							数量	单价	金额							
					百	十	万	千	百	十	元	角	分			百	十	万	千	百	十	元	角	分			百	十	万	千	百	十	元	角	分	

低值易耗品

最高存量：　　　　储存处所：　　　　规格：　　　　单位：　　　　明细科目：
最低存量：　　　　　　　　　　　　　　　　　　　　　　　　　　　　　　单价：

类别				收入							发出							结余							核对号
年	凭证号数	摘要	数量	单价	金额						数量	单价	金额					数量	单价	金额					
月 日					百	十	万	千	百	十	元	角	分	百	十	万	千	百	十	元	角	分	百	十	万	千	百	十	元	角	分	

低值易耗品

最高存存量：
最低存存量：
类别 _____ 储存处所 _____ 规格 _____ 单位 _____ 明细科目 _____ 单价 _____

凭证		摘要	收入			发出			结余			核对号
年 月 日	号数		数量	单价	金额（百十万千百十元角分）	数量	单价	金额（百十万千百十元角分）	数量	单价	金额（百十万千百十元角分）	

选择适当成本计算方法进行成本核算

知识目标

学习和掌握成本核算基本方法——品种法、分步法、分批法各自的含义、特点、适用范围、核算原理和优缺点等专业理论知识,生产成本在完工产品和在产品之间分配方法及计算公式,正确计算产成品成本,能用理论指导"成本核算"的实践活动。

技能目标

学习和掌握企业成本核算方法的选择;熟悉品种法、分步法和分批法的成本核算程序和账务处理规则;熟知在产品数量的日常核算;掌握品种法、分步法、分批法核算产品成本及生产成本在完工产品与月末在产品之间进行分配的原理及应用,能用实务知识规范"成本核算基本方法应用"的技能活动。

案例目标

通过江城宏博机械制造厂典型案例资料,运用所学理论与实务知识,研究"产品成本核算",完成"品种法、分步法、分批法核算产品成本"系列技能操作和实训任务,培养和提高学生成本核算专业能力和在特定业务情境中分析问题与解决问题的能力,培养学生专业核心能力,强化学生"信息处理、数字应用、与人沟通、革新创新"的职业核心能力,培养学生职业态度、职业守则和会计职业道德意识。

一、影响产品成本计算方法选择的因素

产品成本计算方法是指将一定时期所发生的生产成本对象化到各产品上,以求得各产品总成本的方法。不同的生产类型和不同管理要求决定着产品成本的计算对象、成本计算期和生产成本在完工产品与在产品之间的分配方法;不同的成本计算对象、成本计算期和生产成本在完工产品与在产品之间分配方法相互组合,形成了工业企业产品成本计算的不同方法。产品成本的计算对象一般为产品品种、产品的批别和生产产品步骤,因而产品成本计算的基

本方法也就有品种法、分批法和分步法三种。

影响成本计算对象的因素有两个：一是生产类型；二是管理要求。工业企业的生产类型大致可以分为大批大量单步骤生产、大批大量多步骤生产、单件或小批量生产几种类型。生产类型对成本计算方法的影响主要表现在成本计算对象确定上。另外，管理要求对成本计算方法的选择也有一定影响。

1. 生产类型对产品成本计算方法的影响

（1）对成本计算对象的影响

成本计算对象主要取决于生产类型。

在大批大量单步骤的生产中，由于不间断地重复生产同类产品，中间又没有自制半成品存在，因而只能以产品的品种作为成本计算对象来归集生产成本；而在大批大量多步骤生产中，由于各个步骤相对独立地生产半成品，生产成本完全可以按产品的生产步骤归集，因而就可以把各个加工步骤的产品作为成本计算对象；至于单件或小批量生产，由于产品是以客户的订单或批别组织生产，因而就可以把产品的订单或批别作为成本计算对象。

（2）对生产成本计入产品成本程序的影响

在单件生产情况下，成本计算对象就是该件产品，因而生产该产品所发生的全部生产成本都可以直接计入该产品成本。

在成批生产情况下，产品生产所发生的生产成本，若能确定为生产某一批产品所发生的，则直接计入该批产品成本；若不能直接计入，则需要按一定标准分配计入各有关批别产品的成本。

在大量多步骤生产情况下，生产成本计入产品成本的程序比较复杂。如果是分步骤计算半成品成本，则各步骤生产中发生的生产成本除了分别归集到各步骤产品中之外，还要将上步骤归集的半成品成本随着半成品的实物转移而逐步结转到下步骤的产品成本中，直至累计到最后步骤，成为完工产品的成本。如果不需要计算各步骤半成品成本，则各生产步骤仅归集本步骤产品生产所发生的生产成本，并计算出由产成品负担的份额，最后组合成完工产品的成本。在归集和分配过程中，若能确定生产产品所发生的费用为某步骤某产品，则直接计入该步骤该产品成本；若不能直接计入，则需要按一定标准分配计入各步骤各产品的成本。

（3）对成本计算期的影响

成本计算期，指的是生产成本计入产品成本所规定的起止时期。

在大批大量生产情况下，由于产品生产不间断进行，在会计分期原则下，只能按月定期地计算产品成本，以满足分期计算损益的需要。这种成本计算期与会计报告期一致。

在小批或单件生产情况下，各批产品的生产周期往往不同，而且批量小，生产不重复或重复少，这样，按照各批产品的生产周期计算产品成本，成本计算期与产品的生产周期一致，但与会计报告期不同。

（4）对生产成本在完工产品与在产品之间分配方法的影响

在大批大量生产情况下，由于成本计算期与产品的生产周期不一致，每月末一般会有在产品存在，因而要将产品的生产成本采用适当的方法在完工产品与月末在产品之间划分。

在单件或小批量生产情况下，由于成本计算期与产品生产周期一致，什么时候产品完工，什么时候才计算完工产品的成本，所以，在每报告期末时，一般不需要将产品生产成本在完工产品与在产品之间分配。

2. 管理要求对成本计算方法的影响

成本计算方法主要受企业生产类型的制约，但并不完全服从于生产类型。企业对成本管理的不同要求，对成本计算方法（主要是成本计算对象）的确定也会产生影响。如果企业要求分步骤计算各步骤所产产品的成本，以提供半成品成本资料，那么成本计算对象就可确定为各加工步骤的半成品和最后步骤的产成品；但如果企业不要求提供半成品的成本，各步骤不要求核算成本（各车间不实行独立核算经济成果），那么尽管这种生产具备了按步骤计算产品成本的条件，也可以不按各步骤的半成品作为成本计算对象，而是以产品的品种作为成本计算对象。

3. 成本计算方法的选择

不同的制造企业在产品生产过程中存在不同的生产组织方式、不同的生产工艺、不同的成本管理要求，因而可以采用不同的产品成本计算方法。只有根据企业生产类型和成本管理要求，选择不同的成本计算方法，才能正确地计算产品成本。

单步骤生产或多步骤生产的企业，如果在管理上不要求分步骤计算成本，就可以品种或批别为成本计算对象归集和计算完工产品成本。该类企业适用品种法或分批法。

多步骤生产的企业，如果在管理上要求分步骤计算半成品成本，则可以生产步骤为成本计算对象归集和计算完工产品成本。该类型企业适用分步法。

二、江城宏博机械制造厂采用品种法核算产品成本

1. 江城宏博机械制造厂采用品种法核算产品成本的依据

江城宏博机械制造厂是大批大量多步骤生产企业，但管理上不要求提供半成品的成本，各车间不实行独立经济核算，所以，采用品种法核算产品成本。

2. 品种法的特点及适用范围

品种法的特点主要表现在以下三个方面：① 以产品品种作为成本计算对象，并据以设置产品成本明细账归集生产成本，计算产品成本；② 成本计算期与会计报告期一致，即按月定期计算产品成本；③ 月末一般需要分配完工产品和在产品成本。

品种法适用范围：适用大批大量单步骤生产企业或者大批大量多步骤生产，但管理上不要求提供半成品的成本，各车间不实行独立经济核算的企业。

3. 品种法成本计算程序

成本计算时，首先按照产品的品种开设基本生产成本明细账或成本计算单，然后按照以下步骤归集和分配各项费用，计算产品成本。

① 根据各项耗费的原始凭证和其他有关资料，分配各项要素费用。

② 根据各要素费用分配表及其他费用资料，进行会计处理，登记基本生产成本明细账、辅助生产成本明细账、制造费用明细账等。

③ 编制辅助生产成本分配表，将辅助生产明细账中所归集的生产成本采用适当方法分配给各受益对象，并据以登记有关费用明细账。

④ 编制制造费用分配表，将制造费用明细账中所归集的全月费用采用适当方法在各种产品之间进行分配，并据以登记基本生产成本明细账。

⑤ 将基本生产成本明细账中按成本项目归集的生产成本采用适当的方法在本月完工产品和月末在产品之间进行分配，确定完工产品和月末在产品成本；编制完工产品成本汇总表，计算各种完工产品的总成本和单位成本。

4. 品种法计算产品成本实务

根据前面江城宏博机械制造厂成本发生原始凭证进行各项费用的归集与分配，并用品种法核算产品成本。

① 钢材费用及辅助材料费用分配按给定消耗定额进行分配。

② 煤、焦炭费用分配按给定工时定额进行分配。

③ 水费分配按实际消耗用量进行分配。

④ 固定资产按给定折旧率计提。

⑤ 辅助生产成本分配按交互分配法进行分配。

⑥ 以上①—⑤项均采用"项目一生产成本要素的归集与分配"的结果。

⑦ 采用约当产量比例法分配完工产品成本与在产品成本。采用品种法计算各工序（车间）完工率，材料费用在每个工序（车间）开始时一次性投料，每个工序（车间）材料费用完工率按各工序（车间）原材料成本占有总原材料成本比例计算；直接人工、燃料和动力、制造费用每个工序（车间）完工率按各工序（车间）工时占有总工时比例计算，各车间在产品在本工序（车间）完工程度——1#机械产品为50%，2#机械产品为60%。约当产量的计算，能整除的按最终结果；不能整除的，保留两位小数。完工产品与在产品费用分配率的计算，能整除的按最终结果，不能整除的保留四位小数。金额计算到分。

⑧ 按品种法核算产品成本，进行账务处理，登记基本生产成本明细账。

核算基础资料如下：

材料领用汇总表

***** 年 12 月 31 日

金额单位：元

材料	单价	铸造车间 1#机械产品 数量	铸造车间 1#机械产品 金额	铸造车间 2#机械产品 数量	铸造车间 2#机械产品 金额	机械加工车间 1#机械产品 数量	机械加工车间 1#机械产品 金额	机械加工车间 2#机械产品 数量	机械加工车间 2#机械产品 金额	装配车间 1#机械产品 数量	装配车间 1#机械产品 金额	装配车间 2#机械产品 数量	装配车间 2#机械产品 金额	机修 数量	机修 金额	合计 数量	合计 金额
原材料：																	
生铁	2 400		86 688		16 512												103 200
圆钢	3 100						76 428		28 972					2	6 200		111 600
焦炭	500		10 500		4 500												15 000
煤	200		2 800		1 200												4 000
电机 A1	1 450									100	145 000	20	29 000				174 000
电机 A2	270									400	108 000	100	27 000				135 000
轴承 B1	350									250	87 500	40	14 000				101 500
轴承 B2	140									500	70 000	60	8 400				78 400
标准件	23									750	17 250	160	3 680				22 080
油漆	10										7 289.6		1 710.4				9 000
润滑油	5						240	160			800		300	30	150		1 650
包装箱	60									50	3 000	20	1 200				4 200
合计			99 988		22 212		76 668		29 132		438 839.6		85 290.4		7 500		759 630

制表：

劳动工具领用汇总表

****年12月31日　　　　　　　　　　　　　　　　金额单位：元

劳动工具	单价	铸造车间		机械加工车间		装配车间		配电车间		机修车间		厂部		合计	
		数量	金额	数量	金额	数量	金额	数量	金额	数量	金额	数量	金额	数量	金额
专用工具	46							10	460	60	2 760				3 220
法兰盘	13.5					40	540								540
螺钉	15					10	150								150
勾扳手	4.8			30	144										144
工作服	40											3	120		120
手套	5	20	100	10	50										150
鞋	30	20	600	10	300	10	300			10	300				1 500
合计			700		494		990		460		3 060		120		5 824

制表：

职工薪酬费用分配表

****年12月31日　　　　　　　　　　　　　　　　金额单位：元

部门		定额工时	直接工资费用		应付福利费用	
			分配率	分配额	分配率	分配额
铸造车间	1#机械产品	3 500		47 600		6 664
	2#机械产品	1 500		20 400		2 856
	合计	5 000	13.60	68 000		9 520
	管理人员			4 300		602
机械加工车间	1#机械产品	6 000		80 280		11 239.2
	2#机械产品	1 500		20 080		2 811.2
	合计	7 500	13.38	100 360		14 050.4
	管理人员			4 000		560
装配车间	1#机械产品	4 500		52 470		7 345.8
	2#机械产品	3 000		34 990		4 898.6
	合计	7 500	11.66	87 460		12 244.4
	管理人员			3 085		431.9
辅助车间	机修车间			9 207		1 288.98
	配电车间			3 960		554.4
福利部门				5 360		750.4
行政管理				71 370		9 991.8

制表：

水费分配表

****年12月31日　　　　　　　　　　　　　　　　金额单位：元

使用部门	待分配金额	分配率	用水量/米^3	分配金额
铸造车间		0.714 3	1 500	1 071.45
机械加工车间		0.714 3	1 100	785.73
装配车间		0.714 3	800	571.44
机修车间		0.714 3	500	357.15
配电车间		0.714 3	670	478.58
行政管理		0.714 3	2 430	1 735.65
合计	5 000	0.714 3	7 000	5 000

制表：

固定资产折旧计算表

****年12月31日

金额单位：元

固定资产类别	月折旧率	铸造车间		机械加工车间		装配车间		机修车间		配电室		行政管理		合计	
		原值	月折旧额	原值	月折旧额	原值	月折旧额	原值	月折旧额	原值	月折旧额	原值	月折旧额	原值	月折旧额
房屋及建筑物	0.8%	900 000	7 200	1 000 000	8 000	1 950 000	15 600	130 000	1 040	150 000	1 200	1 400 000	11 200	5 530 000	44 240
机器设备	1.2%	520 000	6 240	2 400 000	28 800	750 000	9 000	120 000	1 440	200 000	2 400	400 000	4 800	4 390 000	52 680
其他	0.6%	700 000	4 200	850 000	5 100	400 000	2 400					300 000	1 800	2 250 000	13 500
合计			17 640		41 900		27 000		2 480		3 600		17 800		110 420

制表：

辅助生产成本交互分配表

****年12月31日　　　　　　　　　　　　　　　金额单位：元

项　目		待分配辅助生产成本	劳务量	分配率	分配后金额	合计
交互分配	机修车间	23 893.13	73 826（3 180）	0.323 6	3 723.78	27 519.83
	配电车间	62 052.98	52 992（300）	1.171 0	97.08	58 426.28
对外分配	机修车间	27 519.83	73 526	0.374 3		27 519.83
	配电车间	58 426.28	49 812	1.172 9		58 426.28
铸造车间	1#机械产品			3.518 7	12 315.45	12 315.45
	2#机械产品			3.518 7	5 278.05	5 278.05
	制造费用				5 983.12	
	合计				23 576.62	23 576.62
机械加工车间	1#机械产品			0.938 32	5 629.92	5 629.92
	2#机械产品			0.938 32	1 407.48	1 407.48
	制造费用				13 194.68	
	合计				20 232.08	20 232.08
装配车间	1#机械产品			0.469 16	2 111.22	2 111.22
	2#机械产品			0.469 16	1 407.48	1 407.48
	制造费用				11 165.43	
	合计				14 684.13	
行政管理部门					27 453.28	
合计					85 946.11	

制表：

制造费用分配表

****年12月31日　　　　　　　　　　　　　　　金额单位：元

车间、产品		定额工时/小时	分配率	基本生产成本
铸造车间	1#机械产品	3 500		21 207.55
	2#机械产品	1 500		9 089.02
	合计	5 000	6.059 3	30 296.57
机械加工车间	1#机械产品	6 000		48 747.6
	2#机械产品	1 500		12 186.81
	合计	7 500	8.124 6	60 934.41
装配车间	1#机械产品	4 500		25 946.1
	2#机械产品	3 000		17 297.67
	合计	7 500	5.765 8	43 243.77

制表：

车间制造成本计算单

产品名称：1#机械产品

完工产量：50件　　　　　　　　****年12月31日　　　　　　　　金额单位：元

成本项目	月初在产品成本	本月生产成本	生产成本合计	完工产品数量/件	约当产量/件	分配率	完工产品成本	月末在产品成本
直接材料								
直接工资								
燃料和动力								
制造费用								
合计								

制表：

车间制造成本计算单

产品名称：2#机械产品

完工产量：20件　　　　　　　　****年12月31日　　　　　　　　金额单位：元

成本项目	月初在产品成本	本月生产成本	生产成本合计	完工产品数量/件	约当产量/件	分配率	完工产品成本	月末在产品成本
直接材料								
直接工资								
燃料和动力								
制造费用								
合计								

制表：

转 账 凭 证

****年12月31日　　　　　　　　　　　　　　　转字第　　号

摘要	总账科目	明细科目	借方金额 百十万千百十元角分	贷方金额 百十万千百十元角分

附件　　张

会计主管：　　　复核：　　　记账：　　　审核：　　　制单：

转 账 凭 证

****年12月31日　　　　　　　　　　　　　　　转字第　　号

摘要	总账科目	明细科目	借方金额									贷方金额								
			百	十	万	千	百	十	元	角	分	百	十	万	千	百	十	元	角	分

附件　　张

会计主管：　　　　复核：　　　　记账：　　　　审核：　　　　制单：

转 账 凭 证

****年12月31日　　　　　　　　　　　　　　　转字第　　号

摘要	总账科目	明细科目	借方金额									贷方金额								
			百	十	万	千	百	十	元	角	分	百	十	万	千	百	十	元	角	分

附件　　张

会计主管：　　　　复核：　　　　记账：　　　　审核：　　　　制单：

转 账 凭 证

****年12月31日　　　　　　　　　　　　　　　转字第　　号

摘要	总账科目	明细科目	借方金额									贷方金额								
			百	十	万	千	百	十	元	角	分	百	十	万	千	百	十	元	角	分

附件　　张

会计主管：　　　　复核：　　　　记账：　　　　审核：　　　　制单：

转 账 凭 证

****年12月31日　　　　　　　　　　　　转字第　　号

摘要	总账科目	明细科目	借方金额									贷方金额									
			百	十	万	千	百	十	元	角	分	百	十	万	千	百	十	元	角	分	附件　　张

会计主管：　　　　复核：　　　　记账：　　　　审核：　　　　制单：

基本生产明细账

产品：1#机械产品　　　　　　　****年　月

日期	凭证号数	摘要	成本项目				
			直接材料	直接人工	燃料和动力	制造费用	合计

基本生产明细账

产品：2#机械产品　　　　　　　　　　****年　月

日期	凭证号数	摘要	成本项目				
			直接材料	直接人工	燃料和动力	制造费用	合计

三、江城宏博机械制造厂采用分步法核算产品成本

1. 江城宏博机械制造厂采用分步法核算产品成本的依据

江城宏博机械制造厂是大批大量多步骤生产企业，如果管理上要求提供半成品成本（半成品对外销售或内部厂内价格清算），以产品的生产步骤（生产车间）作为成本计算对象，采用综合逐步结转分步法核算产品成本；如果管理上不要求提供半成品的成本，但各车间实行独立经济核算，以产品的生产步骤（生产车间）作为成本计算对象，采用平行结转分步法核算产品成本。

2. 分步法的特点及适用范围

分步法特点主要表现在以下三个方面：① 以各个加工步骤的各种产品作为成本计算对象，并据以设置基本生产成本明细账。即基本生产成本明细账按照生产步骤设立，账中按照产品品种反映；② 产品成本计算期与会计报告期一致，按月进行，但与生产周期不一致；③ 月末要将生产成本采用适当方法在完工产品与在产品之间进行分配。

分步法：适用于在管理上要求提供半成品成本的或各车间实行独立经济核算的大批大量多步骤企业。

3. 分步法的种类

分步法按是否需要计算和结转各步骤半成品成本，分为综合结转分步法和平行结转分步法两种。

（1）综合结转分步法

综合结转分步法是将各生产步骤耗用上一步骤的半成品成本，以一个合计的金额综合记

入各该步骤产品成本明细账的"直接材料"或专设的"半成品"项目。综合结转分步法分为逐步结转分步法和分项结转分步法,常用的方法为逐步结转分步法。逐步结转分步法实际上就是品种法的多次连续应用。即在采用品种法计算上一步骤的半成品成本以后,按照下一步骤的耗用数量转入下一步骤成本;下一步骤再一次采用品种法归集所耗半成品的费用和本步骤其他费用,计算其半成品成本;如此逐步结转,直至最后一个步骤算出产成品成本。

在综合逐步结转分步法下,由于各步骤所耗上一步骤成本是以"半成品"或"原材料"项目综合反映的,因而最后一个步骤产成品的成本不能反映原始的成本项目构成数额。这显然是不符合产成品成本项目构成实际的,因而不能据以分析产品成本的构成和水平。所以,如果管理上要求从整个企业角度分析和考核成本项目构成时,要将综合逐步结转算出的产成品进行还原,使其成为按原始成本项目反映的成本。

通常采用的成本还原方法是:从最后一个步骤起,把各个步骤所耗上一步骤半成品的综合成本,按照上一步骤所产半成品成本的结构,逐步分解还原,算出按原始成本项目反映的产成品成本。其计算公式如下:

成本还原分配率=本月产成品所耗上一步骤半成品成本合计/本月上一步骤所产半成品成本合计

应还原为上步骤某项成本项目金额=上一步骤生产的半成品某个成本项目的成本×成本还原分配率

成本还原一般是通过成本还原计算表进行的。

采用综合逐步结转分步法结转半成品成本,便于分析和考核各步骤所耗半成品费用水平,以利于加强内部成本控制,努力降低成本。

(2) 平行结转分步法

平行结转分步法在计算各步骤成本时,不计算各步骤所产半成品成本,也不计算各步骤所耗上一步骤的半成品成本,而只计算本步骤发生的各项费用以及这些费用中应计入产品成本的"份额"。将相同产品、相同数量的各个生产步骤应计入产成品成本的"份额"平行汇总,即可计算出该种产品完工成品成本。其主要特点:各步骤之间只进行实物转移,而不进行成本的结转,各步骤只汇集本步骤发生的费用;半成品在各步骤之间转移,无论是否通过半成品库收发,均不通过"自制半成品"账户进行总分类核算;将各生产步骤所归集的本步骤所发生的生产成本在完工产成品与广义在产品之间进行分配,计算各步骤应计入产成品成本的"份额",这里的广义在产品既包括本步骤加工中的在产品,又包括本步骤已经完工、转入以后各步骤继续加工和入半成品库但尚未最后产成的半成品;将各生产步骤确定的应计入产成品的"份额"平行汇总,计算产成品的总成本。

采用约当产量比例法分配完工产品成本与在产品成本,首先以某产品的完工产成品和期末广义在产品为产量基数,计算各步骤各项费用计入产品成本单位费用分配率,然后按完工产品数量,计算各步骤各项费用计入产品成本的份额。计算公式如下:

某步骤某项费用应计入产品成本单位费用分配率=(该步骤该项费用期初在产品成本+本步骤该项费用本期发生额)/(产成品数量+该步骤期末广义在产品约当产量)

其中期末广义在产品约当产量要分成本项目计算确定。

某步骤分配材料费用的期末广义在产品约当产量=经本步骤加工而留存以后各步骤(含半成品库)的月末半成品数量+(本步骤期末在产品数量×本步骤期末在产品投料程度)

某步骤分配工资、制造费用的期末广义在产品约当产量=已经本步骤加工而留存以后各步骤（含半成品库）的月末半成品数量+（本步骤期末在产品数量×本步骤期末在产品加工程度）

某步骤某项费用应计入产成品份额=产成品数量×单位产成品所需要的该步骤半成品数量×该步骤该项费用应计入产成品单位费用分配率

某步骤某项费用期末在产品成本=该步骤该项费用期初在产品成本+该步骤该项费用本期发生额-该步骤该项费用应计入产成品成本的份额

平行结转分步法由于不计算各步骤半成品成本，只是平行汇总各步骤应计入产成品成本的份额，因而能加速成本计算；另外，不需要成本还原，大大地简化了成本计算工作。

平行结转分步法适用于半成品种类较多，而管理上又不要求提供各步骤半成品成本资料的产品。

4. 分步法计算产品成本实务

根据前面江城宏博机械制造厂成本发生原始凭证进行各项费用的归集与分配，并用分步法核算产品成本。

① 钢材费用及辅助材料费用分配按给定消耗定额进行分配。
② 煤、焦炭费用分配按给定工时定额进行分配。
③ 水费分配按实际消耗用量进行分配。
④ 固定资产按给定折旧率计提。
⑤ 辅助生产成本分配按交互分配法进行分配。
⑥ 以上①—⑤项均采用"项目一生产成本要素的归集与分配"部分的结果。
⑦ 采用约当产量比例法分配完工产品成本与在产品成本。
⑧ 按分步法核算产品成本，进行账务处理，登记基本生产成本明细账。

5. 江城宏博机械制造厂采用综合逐步结转分步法核算产品成本实务

江城宏博机械制造厂是大批大量多步骤生产企业，在管理上要求提供半成品的成本，所以，以产品的生产步骤（生产车间）作为成本计算对象，采用综合逐步结转分步法核算产品成本。

综合逐步结转分步法计算各工序（车间）完工率：材料费用完工率按各工序（车间）开工时材料一次投料计算；直接工资、其他费用、制造费用完工率按1#机械产品完工率50%、2#机械产品完工率60%计算。

约当产量计算能整除的，按最终结果；约当产量计算不能整除的，保留两位小数。完工产品与在产品费用分配率的计算，能整除的按最终结果，不能整除的保留两位小数。金额计算到分。

采用综合逐步分步法核算产品成本账务处理与"项目一生产成本要素的归集与分配"基本相同，不同之处是下一步骤结转上一步骤半成品成本和最终计算出的完工产品成本金额不一样。要求：与项目一的计算和程序相同之处不再进行账务处理，不同之处进行账务处理，以避免实训的重复计算和反复记账。

采用综合逐步分步法核算产品成本进行成本还原时，机械加工车间期初在产品成本中直接材料费用包括上一步骤的半成品成本73%，装配车间期初在产品成本中直接材料费用包括上一步骤的半成品成本50%。进行成本还原时，因为是陆续投料，每个车间开工时均投料，所以只对上一步骤转入下一步骤的半成品部分还原，而车间开始时一次性投入的原材料部分不需要还原。根据成本计算单上相关数据进行计算，成本还原率计算保留四位小数。

核算基础资料如下：

材料领用汇总表

****年12月31日   金额单位：元

材料	单价	铸造车间 1#机械产品 数量	金额	铸造车间 2#机械产品 数量	金额	机械加工车间 1#机械产品 数量	金额	机械加工车间 2#机械产品 数量	金额	装配车间 1#机械产品 数量	金额	装配车间 2#机械产品 数量	金额	机修 数量	金额	合计 数量	合计 金额
原材料：																	
生铁	2 400		86 688		16 512												103 200
圆钢	3 100						76 428		28 972					2	6 200		111 600
焦炭	500		10 500		4 500												15 000
煤	200		2 800		1 200												4 000
电机 A1	1 450									100	145 000	20	29 000				174 000
电机 A2	270									400	108 000	100	27 000				135 000
轴承 B1	350									250	87 500	40	14 000				101 500
轴承 B2	140									500	70 000	60	8 400				78 400
标准件	23									750	17 250	160	3 680	50	1 150		22 080
油漆	10										7 289.6		1 710.4				9 000
润滑油	5						240		160		800		300	30	150		1 650
包装箱	60									50	3 000	20	1 200				4 200
合计			99 988		22 212		76 668		29 132		438 839.6		85 290.4		7 500		759 630

制表：

劳动工具领用汇总表

****年12月31日　　　　　　　　　　　　　　　　　　　　　　　　金额单位：元

劳动工具	单价	铸造车间 数量	铸造车间 金额	机械加工车间 数量	机械加工车间 金额	装配车间 数量	装配车间 金额	配电车间 数量	配电车间 金额	机修车间 数量	机修车间 金额	厂部 数量	厂部 金额	合计 数量	合计 金额
专用工具	46							10	460	60	2 760				3 220
法兰盘	13.5					40	540								540
螺钉	15					10	150								150
勾扳手	4.8			30	144										144
工作服	40											3	120		120
手套	5	20	100	10	50										150
鞋	30	20	600	10	300	10	300			10	300				1 500
合计			700		494		990		460		3 060		120		5 824

制表：

职工薪酬费用分配表

****年12月31日　　　　　　　　　　　　　　　　　　　　　　　　金额单位：元

部门		定额工时/小时	直接工资费用 分配率	直接工资费用 分配额	应付福利费用 分配率	应付福利费用 分配额
铸造车间	1#机械产品	3 500		47 600		6 664
	2#机械产品	1 500		20 400		2 856
	合计	5 000	13.60	68 000		9 520
	管理人员			4 300		602
机械加工车间	1#机械产品	6 000		80 280		11 239.2
	2#机械产品	1 500		20 080		2 811.2
	合计	7 500	13.38	100 360		14 050.4
	管理人员			4 000		560
装配车间	1#机械产品	4 500		52 470		7 345.8
	2#机械产品	3 000		34 990		4 898.6
	合计	7 500	11.66	87 460		12 244.4
	管理人员			3 085		431.9
辅助车间	机修车间			9 207		1 288.98
	配电车间			3 960		554.4
福利部门				5 360		750.4
行政管理				71 370		9 991.8

制表：

水费分配表

****年12月31日　　　　　　　　　　　　　　　　　　　　　　　　金额单位：元

使用部门	待分配金额	分配率	用水量/米^3	分配金额
铸造车间		0.714 3	1 500	1 071.45
机械加工车间		0.714 3	1 100	785.73
装配车间		0.714 3	800	571.44
机修车间		0.714 3	500	357.15
配电车间		0.714 3	670	478.58
行政管理		0.714 3	2 430	1 735.65
合计	5 000	0.714 3	7 000	5 000

制表：

固定资产折旧计算表

****年12月31日

金额单位：元

固定资产类别	月折旧率	铸造车间 原值	铸造车间 月折旧额	机械加工车间 原值	机械加工车间 月折旧额	装配车间 原值	装配车间 月折旧额	机修车间 原值	机修车间 月折旧额	配电室 原值	配电室 月折旧额	行政管理 原值	行政管理 月折旧额	合计 原值	合计 月折旧额
房屋及建筑物	0.8%	900 000	7 200	1 000 000	8 000	1 950 000	15 600	130 000	1 040	150 000	1 200	1 400 000	11 200	5 530 000	44 240
机器设备	1.2%	520 000	6 240	2 400 000	28 800	750 000	9 000	120 000	1 440	200 000	2 400	400 000	4 800	4 390 000	52 680
其他	0.6%	700 000	4 200	850 000	5 100	400 000	2 400					300 000	1 800	2 250 000	13 500
合计			17 640		41 900		27 000		2 480		3 600		17 800		110 420

制表：

辅助生产成本交互分配表

****年12月31日　　　　　　　　　　　　　　　　　　　金额单位：元

项　目		待分配辅助生产成本	劳务量	分配率	分配后金额	合计
交互分配	机修车间	23 893.13	73 826（3 180）	0.323 6	3 723.78	27 519.83
	配电车间	62 052.98	52 992（300）	1.171 0	97.08	58 426.28
对外分配	机修车间	27 519.83	73 526	0.374 3		27 519.83
	配电车间	58 426.28	49 812	1.172 9		58 426.28
铸造车间	1#机械产品			3.518 7	12 315.45	12 315.45
	2#机械产品			3.518 7	5 278.05	5 278.05
	制造费用					5 983.12
	合计				23 576.62	23 576.62
机械加工车间	1#机械产品			0.938 32	5 629.92	5 629.92
	2#机械产品			0.938 32	1 407.48	1 407.48
	制造费用					13 194.68
	合计				20 232.08	20 232.08
装配车间	1#机械产品			0.469 16	2 111.22	2 111.22
	2#机械产品			0.469 16	1 407.48	1 407.48
	制造费用					11 165.43
	合计					14 684.13
行政管理部门						27 453.28
合计						85 946.11

制表：

制造费用分配表

****年12月31日　　　　　　　　　　　　　　　　　　　金额单位：元

车间、产品		定额工时/小时	分配率	基本生产成本
铸造车间	1#机械产品	3 500		
	2#机械产品	1 500		
	合计	5 000		
机械加工车间	1#机械产品	6 000		
	2#机械产品	1 500		
	合计	7 500		
装配车间	1#机械产品	4 500		
	2#机械产品	3 000		
	合计	7 500		

制表：

车间制造成本计算单

车间名称：铸造车间
产品名称：1#机械产品
完工产量：30 件　　　　　　****年 12 月 31 日　　　　　　金额单位：元

成本项目	月初在产品成本	本月生产成本	生产成本合计	完工产品数量/件	约当产量/件	分配率	完工半成品成本	月末在产品成本
直接材料								
直接工资								
燃料和动力								
制造费用								
合计								

制表：

车间制造成本计算单

车间名称：铸造车间
产品名称：2#机械产品
完工产量：20 件　　　　　　****年 12 月 31 日　　　　　　金额单位：元

成本项目	月初在产品成本	本月生产成本	生产成本合计	完工产品数量/件	约当产量/件	分配率	完工半成品成本	月末在产品成本
直接材料								
直接工资								
燃料和动力								
制造费用								
合计								

制表：

车间制造成本计算单

车间名称：机械加工车间
产品名称：1#机械产品
完工产量：40 件　　　　　　****年 12 月 31 日　　　　　　金额单位：元

成本项目	月初在产品成本	本月生产成本	生产成本合计	完工产品数量/件	约当产量/件	分配率	完工半成品成本	月末在产品成本
半成品								
直接材料								
直接工资								
燃料和动力								
制造费用								
合计								

制表：

车间制造成本计算单

车间名称：机械加工车间
产品名称：2#机械产品
完工产量：15 件　　　　　　****年 12 月 31 日　　　　　　金额单位：元

成本项目	月初在产品成本	本月生产成本	生产成本合计	完工产品数量/件	约当产量/件	分配率	完工半成品成本	月末在产品成本
半成品								
直接材料								
直接工资								
燃料和动力								
制造费用								
合计								

制表：

车间制造成本计算单

车间名称：装配车间
产品名称：1#机械产品
完工产量：50 件　　　　　　****年 12 月 31 日　　　　　　金额单位：元

成本项目	月初在产品成本	本月生产成本	生产成本合计	完工产品数量/件	约当产量/件	分配率	完工产品成本	月末在产品成本
半成品								
直接材料								
直接工资								
燃料和动力								
制造费用								
合计								

制表：

车间制造成本计算单

车间名称：装配车间
产品名称：2#机械产品
完工产量：20 件　　　　　　****年 12 月 31 日　　　　　　金额单位：元

成本项目	月初在产品成本	本月生产成本	生产成本合计	完工产品数量/件	约当产量/件	分配率	完工产品成本	月末在产品成本
半成品								
直接材料								
直接工资								
燃料和动力								
制造费用								
合计								

制表：

转 账 凭 证

****年12月31日　　　　　　　　　　　转字第　　号

摘要	总账科目	明细科目	借方金额									贷方金额							
			百	十	万	千	百	十	元	角	分	百	十	万	千	百	十	元	角	分

附件　　张

会计主管：　　　　复核：　　　　记账：　　　　审核：　　　　制单：

转 账 凭 证

****年12月31日　　　　　　　　　　　转字第　　号

摘要	总账科目	明细科目	借方金额									贷方金额							
			百	十	万	千	百	十	元	角	分	百	十	万	千	百	十	元	角	分

附件　　张

会计主管：　　　　复核：　　　　记账：　　　　审核：　　　　制单：

转 账 凭 证

****年12月31日　　　　　　　　　　　转字第　　号

摘要	总账科目	明细科目	借方金额									贷方金额							
			百	十	万	千	百	十	元	角	分	百	十	万	千	百	十	元	角	分

附件　　张

会计主管：　　　　复核：　　　　记账：　　　　审核：　　　　制单：

转 账 凭 证

****年12月31日 　　　　　　　　　　转字第　　号

摘要	总账科目	明细科目	借方金额									贷方金额								
			百	十	万	千	百	十	元	角	分	百	十	万	千	百	十	元	角	分

附件　　张

会计主管：　　　复核：　　　记账：　　　审核：　　　制单：

转 账 凭 证

****年12月31日 　　　　　　　　　　转字第　　号

摘要	总账科目	明细科目	借方金额									贷方金额								
			百	十	万	千	百	十	元	角	分	百	十	万	千	百	十	元	角	分

附件　　张

会计主管：　　　复核：　　　记账：　　　审核：　　　制单：

转 账 凭 证

****年12月31日 　　　　　　　　　　转字第　　号

摘要	总账科目	明细科目	借方金额									贷方金额								
			百	十	万	千	百	十	元	角	分	百	十	万	千	百	十	元	角	分

附件　　张

会计主管：　　　复核：　　　记账：　　　审核：　　　制单：

产成品成本还原计算表

产品名称：1#机械产品　　　　　　****年12月　　　　　　金额单位：元

行次	项目	产量	还原分配率	半成品	直接材料	直接工资	燃料和动力	制造费用	合计
1	还原前产成品成本								
2	第二步骤半成品成本								
3	第一次成本还原								
4	第一步骤半成品成本								
5	第二次成本还原								
6	还原后产成品总成本								
7	还原后产成品单位成本								

制表：

产成品成本还原计算表

产品名称：2#机械产品　　　　　　****年12月　　　　　　金额单位：元

行次	项目	产量	还原分配率	半成品	直接材料	直接工资	燃料和动力	制造费用	合计
1	还原前产成品成本								
2	第二步骤半成品成本								
3	第一次成本还原								
4	第一步骤半成品成本								
5	第二次成本还原								
6	还原后产成品总成本								
7	还原后产成品单位成本								

制表：

完工产品制造成本汇总计算表

产品名称：1#机械产品　　　****年12月31日　　　完工产量：50件　　　金额单位：元

部门	直接材料	直接工资	燃料和动力	制造费用	产品总成本	完工产量/件	产品单位成本
铸造车间							
机械加工车间							
装配车间							
合计							

制表：

完工产品制造成本汇总计算表

产品名称：2#机械产品　　　****年12月31日　　　完工产量：20件　　　金额单位：元

部门	直接材料	直接工资	燃料和动力	制造费用	产品总成本	完工产量/件	产品单位成本
铸造车间							
机械加工车间							
装配车间							
合计							

制表：

基本生产明细账

车间：铸造车间
产品：1#机械产品　　　　　　　　****年　月

日期	凭证号数	摘要	成本项目				
			直接材料	直接人工	燃料和动力	制造费用	合计

基本生产明细账

车间：铸造车间
产品：2#机械产品　　　　　　　　****年　月

日期	凭证号数	摘要	成本项目				
			直接材料	直接人工	燃料和动力	制造费用	合计

基本生产明细账

车间：机械加工车间
产品：1#机械产品　　　　　　****年　月

日期	凭证号数	摘要	成本项目				
			直接材料	直接人工	燃料和动力	制造费用	合计

基本生产明细账

车间：机械加工车间
产品：2#机械产品　　　　　　****年　月

日期	凭证号数	摘要	成本项目				
			直接材料	直接人工	燃料和动力	制造费用	合计

基本生产明细账

车间：装配车间
产品：1#机械产品   ****年 月

日期	凭证号数	摘要	成本项目				
			直接材料	直接人工	燃料和动力	制造费用	合计

基本生产明细账

车间：装配车间
产品：2#机械产品   ****年 月

日期	凭证号数	摘要	成本项目				
			直接材料	直接人工	燃料和动力	制造费用	合计

6. 江城宏博机械制造厂采用平行结转分步法核算产品成本实务

江城宏博机械制造厂是大批大量多步骤生产企业，在管理上不要求提供半成品的成本，但各车间实行独立经济核算，所以，以产品的生产步骤（生产车间）作为成本计算对象，采用平行结转分步法核算产品成本。

采用平行结转分步法计算各工序（车间）完工率，材料费用完工率按各工序（车间）开工时材料一次投料计算，直接工资、其他费用、制造费用完工率按 1#机械产品完工率 50%、2#机械产品完工率 60% 计算。

约当产量计算能整除的按计算的最终结果，约当产量计算不能整除的，结果保留两位小数。完工产品与在产品生产成本分配率的计算，能整除的按最终的计算结果，不能整除的，结果保留两位小数。金额计算到分。

采用平行结转分步法核算产品成本账务处理与"项目一生产成本要素的归集与分配"相同，相同部分不再另行进行账务处理，最后进行完工产品成本结转。

核算基础资料如下：

材料领用汇总表

****年12月31日

金额单位：元

材料	单价	铸造车间 1#机械产品 数量	铸造车间 1#机械产品 金额	铸造车间 2#机械产品 数量	铸造车间 2#机械产品 金额	机械加工车间 1#机械产品 数量	机械加工车间 1#机械产品 金额	机械加工车间 2#机械产品 数量	机械加工车间 2#机械产品 金额	装配车间 1#机械产品 数量	装配车间 1#机械产品 金额	装配车间 2#机械产品 数量	装配车间 2#机械产品 金额	机修 数量	机修 金额	合计 数量	合计 金额
原材料：																	
生铁	2 400		86 688		16 512												103 200
圆钢	3 100						76 428		28 972					2	6 200		111 600
焦炭	500		10 500		4 500												15 000
煤	200		2 800		1 200												4 000
电机A1	1 450									100	145 000	20	29 000				174 000
电机A2	270									400	108 000	100	27 000				135 000
轴承B1	350									250	87 500	40	14 000				101 500
轴承B2	140									500	70 000	60	8 400				78 400
标准件	23									750	17 250	160	3 680	50	1 150		22 080
油漆	10							240			7 289.6		1 710.4				9 000
润滑油	5								160		800		300	30	150		1 650
包装箱	60									50	3 000	20	1 200				4 200
合计			99 988		22 212		76 668		29 132		438 839.6		85 290.4		7 500		759 630

制表：

劳动工具领用汇总表

****年12月31日　　　　　　　　　　　　　　　　　　金额单位：元

劳动工具	单价	铸造车间		机械加工车间		装配车间		配电车间		机修车间		厂部		合计	
		数量	金额	数量	金额	数量	金额	数量	金额	数量	金额	数量	金额	数量	金额
专用工具	46							10	460	60	2 760				3 220
法兰盘	13.5					40	540								540
螺钉	15					10	150								150
勾扳手	4.8			30	144										144
工作服	40											3	120		120
手套	5	20	100	10	50										150
鞋	30	20	600	10	300	10	300			10	300				1 500
合计			700		494		990		460		3 060		120		5 824

制表：

职工薪酬费用分配表

****年12月31日　　　　　　　　　　　　　　　　　　金额单位：元

部门		定额工时	直接工资费用		应付福利费用	
			分配率	分配额	分配率	分配额
铸造车间	1#机械产品	3 500		47 600		6 664
	2#机械产品	1 500		20 400		2 856
	合计	5 000	13.60	68 000		9 520
	管理人员			4 300		602
机械加工车间	1#机械产品	6 000		80 280		11 239.2
	2#机械产品	1 500		20 080		2 811.2
	合计	7 500	13.38	100 360		14 050.4
	管理人员			4 000		560
装配车间	1#机械产品	4 500		52 470		7 345.8
	2#机械产品	3 000		34 990		4 898.6
	合计	7 500	11.66	87 460		12 244.4
	管理人员			3 085		431.9
辅助车间	机修车间			9 207		1 288.98
	配电车间			3 960		554.4
福利部门				5 360		750.4
行政管理				71 370		9 991.8

制表：

水费分配表

****年12月31日　　　　　　　　　　　　　　　　　　金额单位：元

使用部门	待分配金额	分配率	用水量/米³	分配金额
铸造车间		0.714 3	1 500	1 071.45
机械加工车间		0.714 3	1 100	785.73
装配车间		0.714 3	800	571.44
机修车间		0.714 3	500	357.15
配电车间		0.714 3	670	478.58
行政管理		0.714 3	2 430	1 735.65
合计	5 000	0.714 3	7 000	5 000

制表：

固定资产折旧计算表

****年12月31日

金额单位：元

固定资产类别	月折旧率	铸造车间 原值	铸造车间 月折旧额	机械加工车间 原值	机械加工车间 月折旧额	装配车间 原值	装配车间 月折旧额	机修车间 原值	机修车间 月折旧额	配电室 原值	配电室 月折旧额	行政管理 原值	行政管理 月折旧额	合计 原值	合计 月折旧额
房屋及建筑物	0.8%	900 000	7 200	1 000 000	8 000	1 950 000	15 600	130 000	1 040	150 000	1 200	1 400 000	11 200	5 530 000	44 240
机器设备	1.2%	520 000	6 240	2 400 000	28 800	750 000	9 000	120 000	1 440	200 000	2 400	400 000	4 800	4 390 000	52 680
其他	0.6%	700 000	4 200	850 000	5 100	400 000	2 400					300 000	1 800	2 250 000	13 500
合计			17 640		41 900		27 000		2 480		3 600		17 800		110 420

制表：

辅助生产成本交互分配表

****年12月31日   金额单位：元

项	目	待分配辅助生产成本	劳务量	分配率	分配后金额	合计
交互分配	机修车间	23 893.13	73 826（3 180）	0.323 6	3 723.78	27 519.83
	配电车间	62 052.98	52 992（300）	1.171 0	97.08	58 426.28
对外分配	机修车间	27 519.83	73 526	0.374 3		27 519.83
	配电车间	58 426.28	49 812	1.172 9		58 426.28
铸造车间	1#机械产品			3.518 7	12 315.45	12 315.45
	2#机械产品			3.518 7	5 278.05	5 278.05
	制造费用					5 983.12
	合计				23 576.62	23 576.62
机械加工车间	1#机械产品			0.938 32	5 629.92	5 629.92
	2#机械产品			0.938 32	1 407.48	1 407.48
	制造费用					13 194.68
	合计				20 232.08	20 232.08
装配车间	1#机械产品			0.469 16	2 111.22	2 111.22
	2#机械产品			0.469 16	1 407.48	1 407.48
	制造费用					11 165.43
	合计					14 684.13
行政管理部门						27 453.28
合计						85 946.11

制表：

制造费用分配表

****年12月31日   金额单位：元

车间、产品		定额工时	分配率	基本生产成本
铸造车间	1#机械产品	3 500		
	2#机械产品	1 500		
	合计	5 000		
机械加工车间	1#机械产品	6 000		
	2#机械产品	1 500		
	合计	7 500		
装配车间	1#机械产品	4 500		
	2#机械产品	3 000		
	合计	7 500		

制表：

车间制造成本计算单

车间名称：铸造车间
产品名称：1#机械产品
完工产量：50 件　　　　　****年 12 月 31 日　　　　　金额单位：元

成本项目	月初在产品成本	本月生产成本	生产成本合计	完工产品数量/件	约当产量/件	分配率	产成品成本中本步骤份额	月末在产品成本
直接材料								
直接工资								
燃料和动力								
制造费用								
合计								

制表：

车间制造成本计算单

车间名称：铸造车间
产品名称：2#机械产品
完工产量：20 件　　　　　****年 12 月 31 日　　　　　金额单位：元

成本项目	月初在产品成本	本月生产成本	生产成本合计	完工产品数量/件	约当产量/件	分配率	产成品成本中本步骤份额	月末在产品成本
直接材料								
直接工资								
燃料和动力								
制造费用								
合计								

制表：

车间制造成本计算单

车间名称：机械加工车间
产品名称：1#机械产品
完工产量：50 件　　　　　****年 12 月 31 日　　　　　金额单位：元

成本项目	月初在产品成本	本月生产成本	生产成本合计	完工产品数量/件	约当产量/件	分配率	产成品成本中本步骤份额	月末在产品成本
直接材料								
直接工资								
燃料和动力								
制造费用								
合计								

制表：

车间制造成本计算单

车间名称：机械加工车间
产品名称：2#机械产品
完工产量：20 件　　　　　　　****年 12 月 31 日　　　　　　　金额单位：元

成本项目	月初在产品成本	本月生产成本	生产成本合计	完工产品数量/件	约当产量/件	分配率	产成品成本中本步骤份额	月末在产品成本
直接材料								
直接工资								
燃料和动力								
制造费用								
合计								

制表：

车间制造成本计算单

车间名称：装配车间
产品名称：1#机械产品
完工产量：50 件　　　　　　　****年 12 月 31 日　　　　　　　金额单位：元

成本项目	月初在产品成本	本月生产成本	生产成本合计	完工产品数量/件	约当产量/件	分配率	产成品成本中本步骤份额	月末在产品成本
直接材料								
直接工资								
燃料和动力								
制造费用								
合计								

制表：

车间制造成本计算单

车间名称：装配车间
产品名称：2#机械产品
完工产量：20 件　　　　　　　****年 12 月 31 日　　　　　　　金额单位：元

成本项目	月初在产品成本	本月生产成本	生产成本合计	完工产品数量/件	约当产量/件	分配率	产成品成本中本步骤份额	月末在产品成本
直接材料								
直接工资								
燃料和动力								
制造费用								
合计								

制表：

完工产品制造成本汇总计算表

产品名称：1#机械产品　　　****年12月31日　　　完工产量：50件　　　金额单位：元

部门	直接材料	直接工资	燃料和动力	制造费用	产品总成本	完工产量/件	产品单位成本
铸造车间							
机械加工车间							
装配车间							
合计							

制表：

完工产品制造成本汇总计算表

产品名称：2#机械产品　　　****年12月31日　　　完工产量：20件　　　金额单位：元

部门	直接材料	直接工资	燃料和动力	制造费用	产品总成本	完工产量/件	产品单位成本
铸造车间							
机械加工车间							
装配车间							
合计							

制表：

转 账 凭 证

****年12月31日　　　转字第　　号

摘要	总账科目	明细科目	借方金额								贷方金额								
			百	十	万	千	百	十	元	角	分	百	十	万	千	百	十	元	角	分

附件　张

会计主管：　　　复核：　　　记账：　　　审核：　　　制单：

转 账 凭 证

****年12月31日　　　转字第　　号

摘要	总账科目	明细科目	借方金额								贷方金额								
			百	十	万	千	百	十	元	角	分	百	十	万	千	百	十	元	角	分

附件　张

会计主管：　　　复核：　　　记账：　　　审核：　　　制单：

基本生产明细账

车间：铸造车间
产品：1#机械产品   ****年 月

日期	凭证号数	摘要	成本项目				
			直接材料	直接人工	燃料和动力	制造费用	合计

基本生产明细账

车间：铸造车间
产品：2#机械产品   ****年 月

日期	凭证号数	摘要	成本项目				
			直接材料	直接人工	燃料和动力	制造费用	合计

基本生产明细账

车间：机械加工车间
产品：1#机械产品   ****年 月

日期	凭证号数	摘要	成本项目				
			直接材料	直接人工	燃料和动力	制造费用	合计

基本生产明细账

车间：机械加工车间
产品：2#机械产品   ****年 月

日期	凭证号数	摘要	成本项目				
			直接材料	直接人工	燃料和动力	制造费用	合计

基本生产明细账

车间：装配车间
产品：1#机械产品　　　　　****年　月

日期	凭证号数	摘要	成本项目				
			直接材料	直接人工	燃料和动力	制造费用	合计

基本生产明细账

车间：装配车间
产品：2#机械产品　　　　　****年　月

日期	凭证号数	摘要	成本项目				
			直接材料	直接人工	燃料和动力	制造费用	合计

7. 进行科目汇总，登记与成本相关总账

根据平行结转分步法的核算结果，汇总与成本相关科目，并登记与成本相关总账。

科目汇总表

年 月 日	借方金额									科目名称	贷方金额								
	千	百	十	万	千	百	十	元	角	分		千	百	十	万	千	百	十	元	角	分

总 分 类 账

本账页数	
本户页数	

总分类账户名称：基本生产成本

年		凭证字号	摘要	页数	借方									贷方									借或贷	余额								
月	日				百	十	万	千	百	十	元	角	分	百	十	万	千	百	十	元	角	分		百	十	万	千	百	十	元	角	分

总 分 类 账

本账页数	
本户页数	

总分类账户名称：库存商品

年		凭证字号	摘要	页数	借方									贷方									借或贷	余额								
月	日				百	十	万	千	百	十	元	角	分	百	十	万	千	百	十	元	角	分		百	十	万	千	百	十	元	角	分

总 分 类 账

本账页数	
本户页数	

总分类账户名称：原材料

年		凭证字号	摘要	页数	借方									贷方									借或贷	余额								
月	日				百	十	万	千	百	十	元	角	分	百	十	万	千	百	十	元	角	分		百	十	万	千	百	十	元	角	分

总 分 类 账

本账页数
本户页数

总分类账户名称：低值易耗品

年	凭证字号	摘要	页数	借方 百十万千百十元角分	贷方 百十万千百十元角分	借或贷	余额 百十万千百十元角分
月 日							

总 分 类 账

本账页数
本户页数

总分类账户名称：包装物

年	凭证字号	摘要	页数	借方 百十万千百十元角分	贷方 百十万千百十元角分	借或贷	余额 百十万千百十元角分
月 日							

总 分 类 账

本账页数	
本户页数	

总分类账户名称：辅助生产成本

年		凭证字号	摘要	页数	借方									贷方									借或贷	余额								
月	日				百	十	万	千	百	十	元	角	分	百	十	万	千	百	十	元	角	分		百	十	万	千	百	十	元	角	分

总 分 类 账

本账页数	
本户页数	

总分类账户名称：制造费用

年		凭证字号	摘要	页数	借方									贷方									借或贷	余额								
月	日				百	十	万	千	百	十	元	角	分	百	十	万	千	百	十	元	角	分		百	十	万	千	百	十	元	角	分

总 分 类 账

本账页数	
本户页数	

总分类账户名称：应付职工薪酬

年		凭证字号	摘要	页数	借方									贷方									借或贷	余额								
月	日				百	十	万	千	百	十	元	角	分	百	十	万	千	百	十	元	角	分		百	十	万	千	百	十	元	角	分

总 分 类 账

本账页数	
本户页数	

总分类账户名称：应付账款

年		凭证字号	摘要	页数	借方									贷方									借或贷	余额								
月	日				百	十	万	千	百	十	元	角	分	百	十	万	千	百	十	元	角	分		百	十	万	千	百	十	元	角	分

总 分 类 账

本账页数	
本户页数	

总分类账户名称：累计折旧

年		凭证字号	摘要	页数	借方									贷方									借或贷	余额								
月	日				百	十	万	千	百	十	元	角	分	百	十	万	千	百	十	元	角	分		百	十	万	千	百	十	元	角	分

总 分 类 账

本账页数	
本户页数	

总分类账户名称：管理费用

年		凭证字号	摘要	页数	借方									贷方									借或贷	余额								
月	日				百	十	万	千	百	十	元	角	分	百	十	万	千	百	十	元	角	分		百	十	万	千	百	十	元	角	分

总 分 类 账

总分类账户名称:																														
本账页数																														
本户页数																														

年		凭证字号	摘要	页数	借方									贷方									借或贷	余额								
月	日				百	十	万	千	百	十	元	角	分	百	十	万	千	百	十	元	角	分		百	十	万	千	百	十	元	角	分

四、江城宏博机械制造厂采用分批法核算产品成本

1. 江城宏博机械制造厂采用分批法核算产品成本的依据

江城宏博机械制造厂是按订单生产企业，在管理上要求按批别核算产品成本，所以，以产品的批别作为成本计算对象，采用分批法核算产品成本。

2. 分批法的特点及适用范围

分批法的特点：① 以产品的批次（订单或生产通知单等）为成本计算对象，会计部门根据生产通知单号开设成本计算单或按基本生产成本明细账归集生产成本，计算完工产品成本；② 产品成本计算期不固定，即成本计算期与生产周期相同，而与会计报告期不一致；③ 一般不需要计算期末在产品成本，这主要是由成本计算期与产品生产周期一致决定的。

3. 分批法的计算程序

分批法是以产品批别作为成本计算对象来归集生产成本、计算完工产品成本的一种方法，分批法亦称为订单法。

① 按产品批别开设基本生产成本明细账。即根据生产计划部门签发的生产任务通知单中所规定的产品批号，为每批产品开设基本生产成本明细账。

② 编制各要素费用分配表（或汇总表）分配和归集各批次产品的生产成本。即在月份内，将各批次产品的直接费用按批号直接汇总计入各批产品成本明细账内，而将发生的间接费用按照一定的标准在各批次产品之间进行分配，分别计入有关批次的产品成本明细账。

③ 计算完工产品成本。月末加计完工批别成本明细账中所归集的生产成本，计算完工产品的实际总成本和单位成本；月末各批未完工产品成本明细账内归集的生产成本即为月末在产品成本；如月末有部分产品完工，部分未完工的，要采用适当方法在完工产品与在产品之间分配成本。在分批法下，批内产品跨月陆续完工的情况不多，因而，在有陆续跨月完工情

况下，月末计算完工产品成本时，可根据计划成本、定额成本或最近时期相同产品的实际成本对完工产品进行计价的简易方法计算，然后将其从基本生产成本明细账中转出，余下的即为在产品成本。等到全部产品完工时，再计算该批全部产品实际的总成本和单位成本。

4. 分批法计算产品成本实务

江城宏博机械制造厂主要生产1#机械产品、2#机械产品，设有一个辅助生产车间。该厂根据客户的订单组织生产，以生产批号为成本计算对象，采用分批法计算产品成本。假设有直接材料、直接人工、制造费用等成本项目，费用按月汇总，产品成本是在一张订单的全部产品完工后才进行结算。如果一张订单有分月陆续完工情况，则按计划成本转出，待该产品全部完工后，再重新结算完工产品的总成本和单位成本。辅助生产车间不设置制造费用明细账。

① 江城宏博机械制造厂****年12月份的有关资料如下：

月初在产品成本资料

****年12月   元

项目	直接材料	直接人工	制造费用	合计
1001	26 000	18 000	15 000	59 000
1102	32 000	22 000	12 000	66 000

各生产批号的有关资料：

1001号 1#机械产品20件，10月份投产，本月全部完工。
1102号 1#机械产品15件，11月份投产，本月完工5件，未完工10件。
1203号 2#机械产品20件，本月份投产，计划明年1月份完工。
1204号 2#机械产品30件，本月份投产，本月全部完工。

批号为1102号的1#机械产品单位计划成本表

****年12月   元

项目	直接材料	直接人工	制造费用	合计
单位计划成本	2 900	1 000	2 300	6 200

领用材料汇总表

****年12月   金额单位：元

项目		基本生产				辅助生产	制造费用	管理费用	合计
		1102号	1203号	1204号	合计				
原材料	A	9 000			9 000				9 000
	B	8 000			8 000				8 000
	C	6 000			6 000				6 000
	D		16 000		16 000				16 000
	E		4 000		4 000				4 000
	F			21 000	21 000				21 000
	合计	23 000	20 000	21 000	64 000				64 000

续表

项目		基本生产				辅助生产	制造费用	管理费用	合计
		1102 号	1203 号	1204 号	合计				
辅助材料	G						2 500	1 500	4 000
	H					3 000			3 000
	I							1 500	1 500
	合计					3 000	2 500	3 000	8 500
低值易耗品	J					4 000			4 000
	K							1 500	1 500
	L						2 200		2 200
	M						1 300		1 300
	合计					4 000	3 500	1 500	9 000

各部门的工资情况见"工资结算汇总表"。其中，1#机械产品的生产工人采用计件工资，直接计入各生产批号产品的基本生产成本；1#机械产品的非计件工资，按计件工资额分配计入各生产批号产品成本；2#机械产品的生产工人采用计时工资，按生产工时分配计入各生产批号产品的基本生产成本。

工资结算汇总表
****年12月　　　　　　　　　　　　金额单位：元

项 目			应付职工薪酬——工资					
			基本工资	加班工资	奖金	津贴	扣款	合计
基本生产车间	生产工人	1#机械产品	10 400	2 200	2 000	2 400		17 000
		2#机械产品	9 600	2 000	1 800	1 600		15 000
	管理人员		4 000		1 500	1 500		7 000
机修车间	生产工人		8 600	1 300	1 600	1 500		13 000
	管理人员		3 000	1 100	1 200	1 200		6 500
行政管理			11 000		2 000	1 800		14 800

1#机械产品各批号的计件工资及工时
****年12月

生产批号	计件工资/元	生产批号	工时/小时
1001 号	5 000	1203	2 000
1102 号	5 400	1204	3 000
合计	10 400	合计	5 000

固定资产折旧计算表

****年 12月　　　　　　　　　　　　　　　　　　　　　　金额单位：元

使用部门		上月已计提折旧	上月增加固定资产应计提折旧	上月减少固定资产应计提折旧	本月应计提折旧
生产车间	厂房	6 600	2 200		8 800
	设备	13 000		2 000	11 000
	小计	19 600	2 200	2 000	19 800
机修车间	厂房	6 000			6 000
	设备	3 000			3 000
	小计	9 000			9 000
行政管理		4 000			4 000

其他费用：12月份由银行存款支付电费 18 160 元，水费 22 000 元，生产车间用现金支付办公费 1 150 元，各车间、部门本月耗用的水电量见"各部门耗用的水电量统计表"。

各部门耗用的水电量统计表

****年 12月

使用部门	用电量/度	用水量/吨
生产车间	6 950	5 000
机修车间	2 850	3 000
行政管理	1 550	3 000
合计	11 350	11 000

辅助车间劳务量：机修车间生产成本按各部门耗用劳务数量分配，机修车间提供的有关劳务见"机修车间供应劳务量汇总表"。

机修车间供应劳务量汇总表

****年 12月

受益单位	修理工时/小时
生产车间	4 000
管理部门	1 000
合计	5 000

产品机器加工工时

生产批号	机器工时/小时
1001 号	6 000
1102 号	4 000
1203 号	3 000
1204 号	7 000
合计	20 000

② 实务操作要求。

根据领料凭证汇总表和其他资料，编制材料费用分配表；根据工资结算汇总表和其他资料，编制职工薪酬分配表；根据固定资产折旧计算表，编制固定资产折旧费用分配表；根据支付的水电费资料，编制水电费分配表；根据各项费用分配表和其他有关资料，登记辅助生产成本明细账；根据辅助生产成本明细账和其他资料，编制辅助生产成本分配表；根据各项费用分配表和其他有关资料，登记制造费用明细账；根据制造费用明细账和其他相关资料，编制制造费用分配表；根据各项费用分配表和其他有关资料，登记产品成本明细账。

材料费用分配表

****年12月　　　　　　　　　　　　　　　　　金额单位：元

项目	基本生产				辅助生产	制造费用	管理费用	合计
	1102号	1203号	1204号	合计				
原材料								
辅助材料								
低值易耗品								
合计								

水电费分配表

****年12月　　　　　　　　　　　　　　　　　金额单位：元

使用部门	电费			水费			合计
	用电量/度	分配率	金额	用水量/吨	分配率	金额	
生产车间							
机修车间							
行政管理							
合计							

职工薪酬分配表

****年12月　　　　　　　　　　　　　　　　　金额单位：元

应借科目		生产人员工资							工资及职工福利				工资及职工福利合计
		计件与非计件工资				计时工资			车间生产人员工资	车间管理人员工资	管理部门人员工资	职工福利费用	
		计件工资	分配率	应承担的非计件工资	小计	生产工时	分配率	金额					
基本生产	1001												
	1102												
	1#小计												
	1203												
	1204												
	2#小计												
	生产小计												

续表

应借科目	生产人员工资							工资及职工福利				工资及职工福利合计
	计件与非计件工资				计时工资			车间生产人员工资	车间管理人员工资	管理部门人员工资	职工福利费用	
	计件工资	分配率	应承担的非计件工资	小计	生产工时	分配率	金额					
辅助生产												
制造费用												
管理费用												

（注：1001、1102批号非计件工资分配率计算保留四位小数）

固定资产折旧费用分配表

****年12月　　　　　　　　　　　　　　金额单位：元

应借账户		金额
制造费用	基本生产车间	
辅助生产成本	机修车间	
管理费用		

辅助生产成本明细账

车间：机修车间　　　　　****年12月　　　　　　　金额单位：元

月	日	摘要	原材料	工资	制造费用	合计
12	31	据材料分配表				
	31	据职工薪酬分配表				
	31	据折旧费用分配表				
	31	据水电费分配表				
	31	据辅助生产成本分配表				
	31	合计				

辅助生产成本分配表

****年12月　　　　　　　　　　　　　　金额单位：元

辅助生产部门名称		机修车间	合计
待分配费用			
供应辅助生产部门以外单位的劳务量			
费用分配率（单位成本）			
应借账户	制造费用——基本生产车间	耗用量	
		金额	
	管理费用	耗用量	
		金额	
分配金额合计			

制造费用明细账

****年12月 金额单位：元

月	日	摘要	工资及职工福利	辅助材料	水电费	折旧费	机修费	低值易耗品	办公费	合计
12	31	据现金付款凭证								
12	31	据材料分配表								
12	31	据职工薪酬分配表								
12	31	据水电费分配表								
12	31	据折旧费用分配表								
12	31	据辅助生产成本分配表								
12	31	据制造费用分配表								
12	31	合计								

制造费用分配表

车间：基本生产车间　　　　****年12月　　　　金额单位：元

批号	机器工时/小时	分配率	金额
1001 号			
1102 号			
1203 号			
1204 号			
合计			

产品成本计算单

产品批号：1001　　　　　　　　　　　　　　　　投产日期：10月
产品名称：1#机械产品　　　批量：20件　　　　　完工日期：12月

项目	直接材料	直接人工	制造费用	合计
月初在产品				
本月生产成本				
生产成本合计				
完工产品成本				
单位成本				

产品成本计算单

产品批号：1102　　　　　　　　投产日期：11 月
产品名称：1#机械产品　　　　　批量：15 件　　　　　　完工日期：（完工 5 件）

项目	直接材料	直接人工	制造费用	合计
月初在产品				
本月生产成本				
生产成本合计				
单位产品计划成本				
转完工产品成本				
月末在产品成本				

产品成本计算单

产品批号：1203　　　　　　　　　　　　　　　　　　投产日期：12 月
产品名称：2#机械产品　　　　　批量：20 件　　　　　完工日期：下年 1 月

项目	直接材料	直接人工	制造费用	合计
本月生产成本				
生产成本合计				

产品成本计算单

产品批号：1204　　　　　　　　投产日期：12 月
产品名称：2#机械产品　　　　　批量：30 件　　　　　完工日期：12 月

项目	直接材料	直接人工	制造费用	合计
本月生产成本				
生产成本合计				
完工产品成本				
单位成本				

成本报表编制与分析

> **知识目标**
>
> 理解成本报表的概念及作用，了解成本报表的种类；掌握产品成本表的编制及分析要求；掌握主要产品单位成本表的编制及分析要求，能用理论指导"成本报表编制与分析"的实践活动。

> **技能目标**
>
> 熟知产品成本表的编制程序；理解各种成本报表的结构和编制原理；掌握产品成本表、主要产品单位成本表的填制过程及分析方法，能用实务知识规范"成本报表编制与分析"的技能活动。

> **案例目标**
>
> 通过江城宏博机械制造厂典型案例资料，运用所学理论与实务知识，研究"成本报表编制与分析"，完成"成本报表编制与分析"系列技能操作和实训任务，培养和提高学生在特定业务情境中分析问题与解决问题的能力，培养学生独立思考问题和有创造性地发表个人意见的能力，培养学生专业核心能力，强化学生"数字应用、与人交流、与人合作、解决问题、革新创新"的职业核心能力，培养学生职业态度、职业理想、职业作风和会计职业道德意识。

一、成本报表的意义

成本报表是根据日常成本核算资料定期编制，用以反映产品成本的构成及其水平，考核和分析成本计划执行情况的书面报告。编制成本报表是成本会计的一项重要工作内容。

成本报表对于有效监督和管理企业经济活动有着十分重要的意义。企业和主管企业的上级机构（或公司）利用成本报表，可以分析和考核企业成本计划的执行情况，促使企业降低成本、节约费用，从而提高企业的经济效益，增加国家的财政收入。通过对成本报表的分析，还可以揭示企业在生产技术和经营管理方面取得的成绩和存在的问题，进一步提高企业生产技术和经营管理的水平。此外,成本报表提供的实际成本资料还可以作为企业确定产品价格、进行成本和利润的预测、制定有关的生产经营决策以及编制成本和利润等计划的重要数据资料。

二、成本报表的编制要求

为了充分发挥成本报表的作用,成本报表的内容既要满足企业微观管理与成本分析的要求,又要适应宏观管理的需要。企业应按有关规定编制成本报表,并要做到数字准确、内容完整、编报及时。

三、商品产品成本报表的编制与数据分析

商品产品成本报表是反映企业在报告期内生产的全部商品产品总成本和单位成本的会计报表。

商品产品成本报表按可比产品和不可比产品分别反映其单位成本和总成本。

利用商品产品成本表可以考核企业全部商品产品成本的执行情况以及可比产品成本降低任务的完成情况,以便分析成本增减变化的原因,指出进一步降低产品成本的途径。

可比产品计划降低额=全部可比产品计划产量按上年实际平均单位成本计算的总成本-全部可比产品计划产量按本年计划单位成本计算的总成本=Σ计划产量×(上年实际平均单位成本-本年计划单位成本)

$$可比产品计划降低率 = \frac{计划成本降低额}{全部可比产品计划产量按上年实际平均单位成本计算的总成本} \times 100\%$$

$$= \frac{计划成本降低额}{\Sigma(计划产量 \times 上年实际单位成本)} \times 100\%$$

可比产品实际降低额=全部可比产品实际产量按上年实际平均单位成本计算的总成本-全部可比产品实际产量按本年实际单位成本计算的总成本=Σ实际产量×(上年实际平均单位成本-本年实际单位成本)

$$可比产品实际降低率 = \frac{实际成本降低额}{全部可比产品实际产量按上年实际平均单位成本计算的总成本} \times 100\%$$

$$= \frac{实际成本降低额}{\Sigma(实际产量 \times 上年实际单位成本)} \times 100\%$$

可比产品成本降低任务完成情况分析表

顺序	指标	成本降低额/元	成本降低率
(1)	按计划产量、计划品种结构、计划单位成本计算的成本降低额 D_1 和成本降低率 K_1	$D_1 = \Sigma P_1 C_0 - \Sigma P_1 C_1$	$K_1 = \dfrac{D_1}{\Sigma P_1 C_0}$
(2)	按实际产量、计划品种结构、计划单位成本计算的成本降低额 D_2 和成本降低率 K_2	$D_2 = \Sigma P_2 C_0 \times K_1$	$K_2 = K_1$

续表

顺序	指标	成本降低额/元	成本降低率
（3）	按实际产量、实际品种结构、计划单位成本计算的成本降低额 D_3 和成本降低率 K_3	$D_3=\sum P_2C_0-\sum P_2C_1$	$K_3=\dfrac{D_3}{\sum P_2C_0}$
（4）	按实际产量、实际品种结构、实际单位成本计算的成本降低额 D_4 和成本降低率 K_4	$D_4=\sum P_2C_0-\sum P_2C_2$	$K_4=\dfrac{D_4}{\sum P_2C_0}$
各因素的影响程度			
产量变动影响（2）-（1）			
品种结构变动的影响（3）-（2）			
单位成本变动的影响（4）-（3）			
合 计			

其中：P 代表产量；C 代表单位成本；0、1、2 分别代表上年数、计划数、实际数。

四、成本报表编制与分析实务

根据给定的数据及本月按平行结转分步法计算出的产品成本，编制商品产品成本表、主要产品单位成本表，并分析产量、品种结构、单位成本等各因素变动的影响程度。

1#机械产品计划产量 500 件，2#机械产品计划产量 300 件。其他相关资料如下。

1#机械产品单位成本

1#机械产品本年累计产量：540 件　　　　　　　　金额单位：元

项　目	直接材料	直接人工	制造费用	燃料和动力	合计
历史先进					
上年实际平均单位成本	13 600	4 300	2 200	400	20 500
本年计划单位成本	13 990	4 390	2 200	420	21 000
本年累计实际平均单位成本	14 300	4 500	2 500	700	22 000

2#机械产品单位成本

2#机械产品本年累计产量：300 件　　　　　　　　金额单位：元

项　目	直接材料	直接人工	制造费用	燃料和动力	合计
历史先进					
上年实际平均单位成本	6 500	3 800	1 900	300	12 500
本年计划单位成本	6 280	3 650	1 800	270	12 000
本年累计实际平均单位成本	6 200	3 600	1 800	300	11 900

商品产品成本表

****年12月   金额单位：元

产品名称	计量单位	本年计划产量	实际产量		单位成本				本月总成本			本年累计总成本		
			本月	本年累计	上年实际平均	本年计划	本月实际	本年累计实际平均	按上年实际平均单位成本计算	按本年计划单位成本计算	本月实际	按上年实际平均单位成本计算	按本年计划单位成本计算	本年实际
			1	2	3	4	5=9÷2	6=12÷2	7=1×3	8=1×4	9	10=2×3	11=2×4	12
可比产品合计 其中：	件													
1#机械产品	件													
2#机械产品	件													
不可比产品合计														
产品成本合计														

补充材料：1. 可比产品成本降低额；2. 可比产品成本降低率；3. 计划成本降低额；4. 计划成本降低率。

要求对表中补充资料的指标进行因素分析，包括产量变动、品种结构变动、单位成本变动对计划完成情况的影响值和影响率。

主要产品单位成本表

产品名称	规格	计量单位	产量		直接材料				直接人工				制造费用				其他直接支出				产品单位成本			
			本月实际	本年累计实际	历史先进水平	上年实际平均	本年计划	本月实际	本年累计实际平均	历史先进水平	上年实际平均	本年计划	本月实际	本年累计实际平均	历史先进水平	上年实际平均	本年计划	本月实际	本年累计实际平均	历史先进水平	上年实际平均	本年计划	本月实际	本年累计实际平均	历史先进水平	上年实际平均	本年计划	本月实际	本年累计实际平均
1	2	3	4	5	6	7	8	9	10	11	12	13	14	15	16	17	18	19	20	21	22	23	24	25	26	27	28	29	30
1#产品		件																												
2#产品		件																												

附录　企业产品成本核算制度（试行）

第一章　总　则

第一条　为了加强企业产品成本核算工作，保证产品成本信息真实、完整，促进企业和经济社会的可持续发展，根据《中华人民共和国会计法》、企业会计准则等国家有关规定制定本制度。

第二条　本制度适用于大中型企业，包括制造业、农业、批发零售业、建筑业、房地产业、采矿业、交通运输业、信息传输业、软件及信息技术服务业、文化业以及其他行业的企业。其他未明确规定的行业比照以上类似行业的规定执行。

本制度不适用于金融保险业的企业。

第三条　本制度所称的产品，是指企业日常生产经营活动中持有以备出售的产成品、商品、提供的劳务或服务。

本制度所称的产品成本，是指企业在生产产品过程中所发生的材料费用、职工薪酬等，以及不能直接计入而按一定标准分配计入的各种间接费用。

第四条　企业应当充分利用现代信息技术，编制、执行企业产品成本预算，对执行情况进行分析、考核，落实成本管理责任制，加强对产品生产事前、事中、事后的全过程控制，加强产品成本核算与管理各项基础工作。

第五条　企业应当根据所发生的有关费用能否归属于使产品达到目前场所和状态的原则，正确区分产品成本和期间费用。

第六条　企业应当根据产品生产过程的特点、生产经营组织的类型、产品种类的繁简和成本管理的要求，确定产品成本核算的对象、项目、范围，及时对有关费用进行归集、分配和结转。

企业产品成本核算采用的会计政策和估计一经确定，不得随意变更。

第七条　企业一般应当按月编制产品成本报表，全面反映企业生产成本、成本计划执行情况、产品成本及其变动情况等。

第二章　产品成本核算对象

第八条　企业应当根据生产经营特点和管理要求，确定成本核算对象，归集成本费用，计算产品的生产成本。

第九条　制造企业一般按照产品品种、批次订单或生产步骤等确定产品成本核算对象。

（一）大量大批单步骤生产产品或管理上不要求提供有关生产步骤成本信息的，一般按照产品品种确定成本核算对象。

（二）小批单件生产产品的，一般按照每批或每件产品确定成本核算对象。

（三）多步骤连续加工产品且管理上要求提供有关生产步骤成本信息的，一般按照每种（批）产品及各生产步骤确定成本核算对象。

产品规格繁多的，可以将产品结构、耗用原材料和工艺过程基本相同的产品，适当合并作为成本核算对象。

第十条 农业企业一般按照生物资产的品种、成长期、批别（群别、批次）、与农业生产相关的劳务作业等确定成本核算对象。

第十一条 批发、零售企业一般按照商品的品种、批次、订单、类别等确定成本核算对象。

第十二条 建筑企业一般按照订立的单项合同确定成本核算对象。单项合同包括建造多项资产的，企业应当按照企业会计准则规定的合同分立原则，确定建造合同的成本核算对象。为建造一项或数项资产而签订一组合同的，按合同合并的原则，确定建造合同的成本核算对象。

第十三条 房地产企业一般按照开发项目、综合开发期数并兼顾产品类型等确定成本核算对象。

第十四条 采矿企业一般按照所采掘的产品确定成本核算对象。

第十五条 交通运输企业以运输工具从事货物、旅客运输的，一般按照航线、航次、单船（机）、基层站段等确定成本核算对象；从事货物等装卸业务的，可以按照货物、成本责任部门、作业场所等确定成本核算对象；从事仓储、堆存、港务管理业务的，一般按照码头、仓库、堆场、油罐、筒仓、货棚或主要货物的种类、成本责任部门等确定成本核算对象。

第十六条 信息传输企业一般按照基础电信业务、电信增值业务和其他信息传输业务等确定成本核算对象。

第十七条 软件及信息技术服务企业的科研设计与软件开发等人工成本比重较高的，一般按照科研课题、承接的单项合同项目、开发项目、技术服务客户等确定成本核算对象。合同项目规模较大、开发期较长的，可以分段确定成本核算对象。

第十八条 文化企业一般按照制作产品的种类、批次、印次、刊次等确定成本核算对象。

第十九条 除本制度已明确规定的以外，其他行业企业应当比照以上类似行业的企业确定产品成本核算对象。

第二十条 企业应当按照第八条至第十九条规定确定产品成本核算对象，进行产品成本核算。企业内部管理有相关要求的，还可以按照现代企业多维度、多层次的管理需要，确定多元化的产品成本核算对象。

多维度，是指以产品的最小生产步骤或作业为基础，按照企业有关部门的生产流程及其相应的成本管理要求，利用现代信息技术，组合出产品维度、工序维度、车间班组维度、生产设备维度、客户订单维度、变动成本维度和固定成本维度等不同的成本核算对象。

多层次，是指根据企业成本管理需要，划分为企业管理部门、工厂、车间和班组等成本管控层次。

第三章 产品成本核算项目和范围

第二十一条 企业应当根据生产经营特点和管理要求，按照成本的经济用途和生产要素内容相结合的原则或者成本性态等设置成本项目。

第二十二条 制造企业一般设置直接材料、燃料和动力、直接人工和制造费用等成本项目。

直接材料，是指构成产品实体的原材料以及有助于产品形成的主要材料和辅助材料。

燃料和动力，是指直接用于产品生产的燃料和动力。

直接人工，是指直接从事产品生产的工人的职工薪酬。

制造费用，是指企业为生产产品和提供劳务而发生的各项间接费用，包括企业生产部门（如生产车间）发生的水电费、固定资产折旧、无形资产摊销、管理人员的职工薪酬、劳动保护费、国家规定的有关环保费用、季节性和修理期间的停工损失等。

第二十三条 农业企业一般设置直接材料、直接人工、机械作业费、其他直接费用、间接费用等成本项目。

直接材料，是指种植业生产中耗用的自产或外购的种子、种苗、饲料、肥料、农药、燃料和动力、修理用材料和零件、原材料以及其他材料等；养殖业生产中直接用于养殖生产的苗种、饲料、肥料、燃料、动力、畜禽医药费等。

直接人工，是指直接从事农业生产人员的职工薪酬。

机械作业费，是指种植业生产过程中农用机械进行耕耙、播种、施肥、除草、喷药、收割、脱粒等机械作业所发生的费用。

其他直接费用，是指除直接材料、直接人工和机械作业费以外的畜力作业费等直接费用。

间接费用，是指应摊销、分配计入成本核算对象的运输费、灌溉费、固定资产折旧、租赁费、保养费等费用。

第二十四条 批发、零售企业一般设置进货成本、相关税费、采购费等成本项目。

进货成本，是指商品的采购价款。

相关税费，是指购买商品发生的进口关税、资源税和不能抵扣的增值税等。

采购费，是指运杂费、装卸费、保险费、仓储费、整理费、合理损耗以及其他可归属于商品采购成本的费用。采购费金额较小的，可以在发生时直接计入当期销售费用。

第二十五条 建筑企业一般设置直接人工、直接材料、机械使用费、其他直接费用和间接费用等成本项目。建筑企业将部分工程分包的，还可以设置分包成本项目。

直接人工，是指按照国家规定支付给施工过程中直接从事建筑安装工程施工的工人以及在施工现场直接为工程制作构件和运料、配料等工人的职工薪酬。

直接材料，是指在施工过程中所耗用的、构成工程实体的材料、结构件、机械配件和有助于工程形成的其他材料以及周转材料的租赁费和摊销等。

机械使用费，是指施工过程中使用自有施工机械所发生的机械使用费，使用外单位施工机械的租赁费，以及按照规定支付的施工机械进出场费等。

其他直接费用，是指施工过程中发生的材料搬运费、材料装卸保管费、燃料动力费、临时设施摊销、生产工具及用具使用费、检验试验费、工程定位复测费、工程点交费、场地清理费，以及能够单独区分和可靠计量的为订立建造承包合同而发生的差旅费、投标费等费用。

间接费用，是指企业各施工单位为组织和管理工程施工所发生的费用。

分包成本，是指按照国家规定开展分包，支付给分包单位的工程价款。

第二十六条 房地产企业一般设置土地征用及拆迁补偿费、前期工程费、建筑安装工程费、基础设施建设费、公共配套设施费、开发间接费、借款费用等成本项目。

土地征用及拆迁补偿费，是指为取得土地开发使用权（或开发权）而发生的各项费用，包括土地买价或出让金、大市政配套费、契税、耕地占用税、土地使用费、土地闲置费、农作物补偿费、危房补偿费、土地变更用途和超面积补交的地价及相关税费、拆迁补偿费用、安置及动迁费用、回迁房建造费用等。

前期工程费，是指项目开发前期发生的政府许可规费、招标代理费、临时设施费以及水文地质勘察、测绘、规划、设计、可行性研究、咨询论证费、筹建、场地通平等前期费用。

建筑安装工程费，是指开发项目开发过程中发生的各项主体建筑的建筑工程费、安装工程费及精装修费等。

基础设施建设费，是指开发项目在开发过程中发生的道路、供水、供电、供气、供暖、排污、排洪、消防、通信、照明、有线电视、宽带网络、智能化等社区管网工程费和环境卫生、园林绿化等园林、景观环境工程费用等。

公共配套设施费，是指开发项目内发生的、独立的、非营利性的且产权属于全体业主的，或无偿赠予地方政府、政府公共事业单位的公共配套设施费用等。

开发间接费，指企业为直接组织和管理开发项目所发生的，且不能将其直接归属于成本核算对象的工程监理费、造价审核费、结算审核费、工程保险费等。为业主代扣代缴的公共维修基金等不得计入产品成本。

借款费用，是指符合资本化条件的借款费用。

房地产企业自行进行基础设施、建筑安装等工程建设的，可以比照建筑企业设置有关成本项目。

第二十七条 采矿企业一般设置直接材料、燃料和动力、直接人工、间接费用等成本项目。

直接材料，是指采掘生产过程中直接耗用的添加剂、催化剂、引发剂、助剂、触媒以及净化材料、包装物等。

燃料和动力，是指采掘生产过程中直接耗用的各种固体、液体、气体燃料，以及水、电、汽、风、氮气、氧气等动力。

直接人工，是指直接从事采矿生产人员的职工薪酬。

间接费用，是指为组织和管理厂（矿）采掘生产所发生的职工薪酬、劳动保护费、固定资产折旧、无形资产摊销、保险费、办公费、环保费用、化（检）验计量费、设计制图费、停工损失、洗车费、转输费、科研试验费、信息系统维护费等。

第二十八条 交通运输企业一般设置营运费用、运输工具固定费用与非营运期间的费用等成本项目。

营运费用，是指企业在货物或旅客运输、装卸、堆存过程中发生的营运费用，包括货物费、港口费、起降及停机费、中转费、过桥过路费、燃料和动力费、航次租船费、安全救生费、护航费、装卸整理费、堆存费等。铁路运输企业的营运费用还包括线路等相关设施的维护费等。

运输工具固定费用，是指运输工具的固定费用和共同费用等，包括检验检疫费、车船使用税、劳动保护费、固定资产折旧、租赁费、备件配件、保险费、驾驶及相关操作人员薪酬及其伙食费等。

非营运期间费用，是指受不可抗力制约或行业惯例等原因暂停营运期间发生的有关费用等。

第二十九条 信息传输企业一般设置直接人工、固定资产折旧、无形资产摊销、低值易耗品摊销、业务费、电路及网元租赁费等成本项目。

直接人工，是指直接从事信息传输服务的人员的职工薪酬。

业务费，是指支付通信生产的各种业务费用，包括频率占用费，卫星测控费，安全保卫费，码号资源费，设备耗用的外购电力费，自有电源设备耗用的燃料和润料费等。

电路及网元租赁费，是指支付给其他信息传输企业的电路及网元等传输系统及设备的租赁费等。

第三十条 软件及信息技术服务企业一般设置直接人工、外购软件与服务费、场地租赁费、固定资产折旧、无形资产摊销、差旅费、培训费、转包成本、水电费、办公费等成本项目。

直接人工，是指直接从事软件及信息技术服务的人员的职工薪酬。

外购软件与服务费，是指企业为开发特定项目而必须从外部购进的辅助软件或服务所发生的费用。

场地租赁费，是指企业为开发软件或提供信息技术服务租赁场地支付的费用等。

转包成本，是指企业将有关项目部分分包给其他单位支付的费用。

第三十一条 文化企业一般设置开发成本和制作成本等成本项目。

开发成本，是指从选题策划开始到正式生产制作所经历的一系列过程，包括信息收集、策划、市场调研、选题论证、立项等阶段所发生的信息搜集费、调研交通费、通信费、组稿费、专题会议费、参与开发的职工薪酬等。

制作成本，是指产品内容制作成本和物质形态的制作成本，包括稿费、审稿费、校对费、录入费、编辑加工费、直接材料费、印刷费、固定资产折旧、参与制作的职工薪酬等。电影企业的制作成本，是指企业在影片制片、译制、洗印等生产过程所发生的各项费用，包括剧本费、演职员的薪酬、胶片及磁片磁带费、化妆费、道具费、布景费、场租费、剪接费、洗印费等。

第三十二条 除本制度已明确规定的以外，其他行业企业应当比照以上类似行业的企业确定成本项目。

第三十三条 企业应当按照第二十一条至第三十二条规定确定产品成本核算项目，进行产品成本核算。企业内部管理有相关要求的，还可以按照现代企业多维度、多层次的成本管理要求，利用现代信息技术对有关成本项目进行组合，输出有关成本信息。

第四章 产品成本归集、分配和结转

第三十四条 企业所发生的费用，能确定由某一成本核算对象负担的，应当按照所对应的产品成本项目类别，直接计入产品成本核算对象的生产成本；由几个成本核算对象共同负担的，应当选择合理的分配标准分配计入。

企业应当根据生产经营特点，以正常生产能力水平为基础，按照资源耗费方式确定合理的分配标准。

企业应当按照权责发生制的原则,根据产品的生产特点和管理要求结转成本。

第三十五条 制造企业发生的直接材料和直接人工,能够直接计入成本核算对象的,应当直接计入成本核算对象的生产成本,否则应当按照合理的分配标准分配计入。

制造企业外购燃料和动力的,应当根据实际耗用数量或者合理的分配标准对燃料和动力费用进行归集分配。生产部门直接用于生产的燃料和动力,直接计入生产成本;生产部门间接用于生产(如照明、取暖)的燃料和动力,计入制造费用。制造企业内部自行提供燃料和动力的,参照本条第三款进行处理。

制造企业辅助生产部门为生产部门提供劳务和产品而发生的费用,应当参照生产成本项目归集,并按照合理的分配标准分配计入各成本核算对象的生产成本。辅助生产部门之间互相提供的劳务、作业成本,应当采用合理的方法,进行交互分配。互相提供劳务、作业不多的,可以不进行交互分配,直接分配给辅助生产部门以外的受益单位。

第三十六条 制造企业发生的制造费用,应当按照合理的分配标准按月分配计入各成本核算对象的生产成本。企业可以采取的分配标准包括机器工时、人工工时、计划分配率等。

季节性生产企业在停工期间发生的制造费用,应当在开工期间进行合理分摊,连同开工期间发生的制造费用,一并计入产品的生产成本。

制造企业可以根据自身经营管理特点和条件,利用现代信息技术,采用作业成本法对不能直接归属于成本核算对象的成本进行归集和分配。

第三十七条 制造企业应当根据生产经营特点和联产品、副产品的工艺要求,选择系数分配法、实物量分配法、相对销售价格分配法等合理的方法分配联合生产成本。

第三十八条 制造企业发出的材料成本,可以根据实物流转方式、管理要求、实物性质等实际情况,采用先进先出法、加权平均法、个别计价法等方法计算。

第三十九条 制造企业应当根据产品的生产特点和管理要求,按成本计算期结转成本。制造企业可以选择原材料消耗量、约当产量法、定额比例法、原材料扣除法、完工百分比法等方法,恰当地确定完工产品和在产品的实际成本,并将完工入库产品的产品成本结转至库存商品科目;在产品数量、金额不重要或在产品期初期末数量变动不大的,可以不计算在产品成本。

制造企业产成品和在产品的成本核算,除季节性生产企业等以外,应当以月为成本计算期。

第四十条 农业企业应当比照制造企业对产品成本进行归集、分配和结转。

第四十一条 批发、零售企业发生的进货成本、相关税金直接计入成本核算对象成本;发生的采购费,可以结合经营管理特点,按照合理的方法分配计入成本核算对象成本。采购费金额较小的,可以在发生时直接计入当期销售费用。

批发零售企业可以根据实物流转方式、管理要求、实物性质等实际情况,采用先进先出法、加权平均法、个别计价法、毛利率法等方法结转产品成本。

第四十二条 建筑企业发生的有关费用,由某一成本核算对象负担的,应当直接计入成本核算对象成本;由几个成本核算对象共同负担的,应当选择直接费用比例、定额比例和职工薪酬比例等合理的分配标准,分配计入成本核算对象成本。

建筑企业应当按照《企业会计准则第15号——建造合同》的规定结转产品成本。合同结果能够可靠估计的,应当采用完工百分比法确定和结转当期提供服务的成本;合同结果不能可靠估计的，应当直接结转已经发生的成本。

第四十三条 房地产企业发生的有关费用，由某一成本核算对象负担的，应当直接计入成本核算对象成本；由几个成本核算对象共同负担的，应当选择占地面积比例、预算造价比例、建筑面积比例等合理的分配标准，分配计入成本核算对象成本。

第四十四条 采矿企业应当比照制造企业对产品成本进行归集、分配和结转。

第四十五条 交通运输企业发生的营运费用，应当按照成本核算对象归集。

交通运输企业发生的运输工具固定费用，能确定由某一成本核算对象负担的，应当直接计入成本核算对象的成本；由多个成本核算对象共同负担的，应当选择营运时间等符合经营特点的、科学合理的分配标准分配计入各成本核算对象的成本。

交通运输企业发生的非营运期间费用，比照制造业季节性生产企业处理。

第四十六条 信息传输、软件及信息技术服务等企业，可以根据经营特点和条件，利用现代信息技术，采用作业成本法等对产品成本进行归集和分配。

第四十七条 文化企业发生的有关成本项目费用，由某一成本核算对象负担的，应当直接计入成本核算对象成本；由几个成本核算对象共同负担的，应当选择人员比例、工时比例、材料耗用比例等合理的分配标准分配计入成本核算对象成本。

第四十八条 企业不得以计划成本、标准成本、定额成本等代替实际成本。企业采用计划成本、标准成本、定额成本等类似成本进行直接材料日常核算的，期末应当将耗用直接材料的计划成本或定额成本等类似成本调整为实际成本。

第四十九条 除本制度已明确规定的以外，其他行业企业应当比照以上类似行业的企业对产品成本进行归集、分配和结转。

第五十条 企业应当按照第三十四条至第四十九条规定对产品成本进行归集、分配和结转。企业内部管理有相关要求的，还可以利用现代信息技术，在确定多维度、多层次成本核算对象的基础上，对有关费用进行归集、分配和结转。

第五章 附 则

第五十一条 小企业参照执行本制度。

第五十二条 本制度自 2014 年 1 月 1 日起施行。

第五十三条 执行本制度的企业不再执行《国营工业企业成本核算办法》。